ADOLPHE JOANNE

GÉOGRAPHIE

D'INDRE-ET-LOIRE

21 gravures et une carte

HACHETTE ET Cⁱᵉ

GÉOGRAPHIE

DU DÉPARTEMENT

D'INDRE-ET-LOIRE

AVEC UNE CARTE COLORIÉE ET 21 GRAVURES

PAR

ADOLPHE JOANNE

AUTEUR DU DICTIONNAIRE GÉOGRAPHIQUE ET DE L'ITINÉRAIRE
GÉNÉRAL DE LA FRANCE

TROISIÈME ÉDITION

PARIS

LIBRAIRIE HACHETTE ET Cie

79, BOULEVARD SAINT-GERMAIN, 79

1880

TABLE DES MATIÈRES

LISTE DES GRAVURES

Typographie A. Lahure, rue de Fleurus, 9, à Paris.

DÉPARTEMENT

D'INDRE-ET-LOIRE

I. — Nom, formation, situation, limites, superficie.

Le département d'Indre-et-Loire doit son *nom* à une rivière et à un fleuve qui le traversent : la rivière est l'Indre, le fleuve est la Loire, et il reçoit l'Indre entre Tours et la limite occidentale du département.

Ce département fut *formé*, en 1790, de territoires appartenant à quatre des provinces qui constituaient l'ancienne France. L'une de ces provinces, la **Touraine**, dont la ville de Tours était la capitale, en apporta à elle seule près des neuf dixièmes. Le reste fut fourni par l'**Orléanais**, le **Poitou** et l'**Anjou**.

Il est *situé* entre le nord, l'ouest et le centre de la France, presque à égale distance de la Manche, de l'Océan et des hautes montagnes du Plateau Central. Indre-et-Loire, sur sa limite du sud-est, n'est séparé du Cher, département central de la France, que par deux cantons du département de l'Indre. Tours, son chef-lieu, est à 234 kilomètres au sud-ouest de Paris par le chemin de fer, à 200 à vol d'oiseau.

Il est *borné* : au nord, par le département de la Sarthe ; au nord-est et à l'est, par le département de Loir-et-Cher ; au sud-est, par le département de l'Indre ; au sud-ouest et à l'ouest, par le département de la Vienne ; à l'ouest, par le département de Maine-et-Loire. En général, il n'a pas de limites naturelles ; cependant la Vienne, la Creuse et la Gartempe le séparent du département de la Vienne, la première sur 7 kilomètres, la seconde sur plus de 40, la dernière sur 5 ou 6.

Sa *superficie* est de 611,570 hectares. Sous ce rapport, le département d'Indre-et-Loire est le 40ᵉ département de la France : en d'autres termes, 39 seulement sont plus grands.

Indre-et-Loire, dont le centre géographique se trouve à une quinzaine de kilomètres environ au sud de Tours, est de forme presque ronde. Sa plus grande *longueur*, du nord-ouest au sud-est, suivant une ligne formant un angle très-aigu avec le méridien, est de 110 kilomètres, du hameau le plus septentrional de la commune d'Épeigné-sur-Dême (section des Pins) au milieu du lit du Suin entre Tournon-Saint-Pierre et Tournon-Saint-Martin ; sa plus grande *largeur*, de l'est à l'ouest, le long d'une ligne presque parallèle à l'Équateur, est d'environ 100 kilomètres ; le *pourtour* du département est, en chiffres ronds, les petites sinuosités non comprises, de 400 kilomètres.

II. — Physionomie générale.

Le département d'Indre-et-Loire est une plaine assez unie, de 100 à 150 mètres d'altitude, présentant des vallées à pentes un peu rapides, ayant 50 mètres de profondeur moyenne. La Loire, coulant du nord-est au sud-ouest, le divise en deux parties, celle du sud étant environ deux fois plus vaste que celle du nord.

La **vallée de la Loire**, ravagée plutôt que fertilisée par son fleuve, qui la couvre de sables, n'est point la vallée la plus féconde de la France, bien que presque toujours les terres en soient excellentes ; ce n'est pas non plus la plus pittoresque ; mais son fleuve, ses riches cultures, ses vergers aux fruits renommés, ses collines escarpées où se plaît déjà la vigne, la vigueur de la végétation favorisée par la douceur humide d'un climat sans froids rigoureux et sans soleils torrides, les vieilles résidences royales ou princières, les jolies villas, les villages épars dans les champs, groupés sur les pentes ou creusés dans le calcaire, le charme des souvenirs, la grandeur des horizons en feront toujours une contrée privilégiée mais peut-être trop admirée.

Dans le département, la vallée de la Loire a généralement 3 kilomètres de largeur, rarement 4, plus rarement 5, excepté dans la plaine commune au fleuve et au Cher. Au-dessous du confluent de l'Indre, la vallée, où serpente aussi l'Authion, devient plus large ; là, il y a 8 kilomètres entre les coteaux du nord et ceux du sud. Les collines entre lesquelles est compris le val de Loire, n'ont, la plupart, que 80 à 90, ou 100 à 110 et, tout au plus, 120 mètres au-dessus de la mer, soit 40, 50, quelquefois 60 mètres au-dessus du fleuve, mais elles rachètent souvent leur faible altitude par la raideur de leurs pentes : en beaucoup d'endroits, près de Limeray, à Lussault, à Vouvray, à Rochecorbon, à Saint-Cyr, près de Luynes et de Cinq-Mars, à Langeais, à Saint-Patrice, elles sont si rapides qu'elles forment falaise. Des berges, des levées du fleuve, aux coteaux de l'une et de l'autre rive, couverts de vignes, de poiriers, de pruniers, d'amandiers, s'étend le val de Loire, avec ses varennes, terres fertiles formées d'un sable gras, ses champs de céréales et de légumes, ses prairies.

La région située au nord du fleuve a deux pentes : l'une du nord au sud vers la Loire, l'autre du sud au nord vers la rivière de Loir. A mesure que l'on remonte, soit du sud, soit du nord, vers le faîte de partage des eaux, la terre végétale, si féconde près du fleuve et de la rivière, fertile encore dans les vallons, perd sa profondeur et s'appauvrit : on entre dans la **Gâtine** (nombreux étangs), contrée peu favorisée, où la rareté des ruisseaux et des sources, les terres vagues, cachant çà et là des mines de fer, beaucoup de champs en friche, les landes de Souvigné et de Bréviande, des bois multipliés témoignent d'un sol pauvre et insuffisamment peuplé. Les accidents de terrain n'ont d'importance qu'au bord des vallons et des vallées.

Les cimes culminantes de la Gâtine se trouvent sur l'arête entre le bassin de la Loire et celui du Loir. Un coteau de la forêt de Beaumont atteint 179 mètres ; le *signal du Haut-Montais*, dans les bois Guillains, qui font corps avec la forêt de Beaumont, n'a qu'un mètre de moins ; entre la Ferrière, les Ermites et Monthodon, une colline monte à 171 mètres ; le village de *Saint-Laurent-en-Gâtine* est à 167 mètres au-dessus du niveau de la mer.

Au sud du fleuve, les chaînes de coteaux les plus élevées dépassent à peine l'altitude qu'atteint, au nord, le principal renflement de la Gâtine. L'arête qui court entre la Loire et le Cher atteint 132 mètres, à la lisière de la forêt d'Amboise ; entre le bassin du Cher et celui de l'Indroye, le *signal de la Ronde*, au nord-est de Céré, sur la frontière même de Loir-et-Cher, dresse son sommet à 188 mètres : c'est le point culminant du département, dont le point le plus bas (30 mètres) se trouve à l'endroit où la Loire passe dans Maine-et-Loire. En rapprochant ces deux altitudes, on obtient 158 mètres pour le maximum de différence de niveau, ou la pente totale du département.

Au midi du fleuve, on appelle CHAMPEIGNE, ou CHAMPAGNE, la chaîne de petites collines qui sépare le Cher et l'Indre et qui est composée de terrains argilo-sablonneux, d'une culture difficile et peu productive.

Entre l'Indre et la Vienne, le PLATEAU DE SAINTE-MAURE renferme 15,000 hectares de *falunières* : on désigne ainsi d'immenses dépôts laissés par les eaux de la mer, qui jadis s'étendaient sur la Touraine. Les falunières, composées de débris de coquilles et d'animaux marins, constituent un excellent engrais pour l'agriculture.

Entre la Loire et la Vienne, à partir de leur réunion, le VÉRON, l'un des meilleurs terroirs du département, fournit en abondance des grains, des fruits et du vin.

La région la moins favorisée du département d'Indre-et-Loire occupe l'angle méridional du territoire, des coteaux de la rive droite de la Creuse aux limites de l'Indre. C'est la BRENNE, pays de landes, de bois, d'étangs malsains, de fièvres paludéennes.

III. — Cours d'eau.

Le département tout entier appartient au bassin de la Loire ; tous les ruisseaux, toutes les rivières qui l'arrosent se dirigent vers la Loire, qui les emporte à la mer.

La **Loire** est le plus long des fleuves de la France, et, dans toute l'Europe, il n'y a guère que douze ou treize fleuves qui aient un cours plus étendu, et dix seulement qui soient l'artère d'un bassin plus vaste. Sa longueur dépasse 1000 kilomètres, et son bassin s'étend sur onze ou douze millions d'hectares, ce qui ne fait pas le quart de la France entière, mais ce qui en fait plus du cinquième.

Ce fleuve naît à moins de 150 kilomètres de la Méditerranée, mais il vient se jeter bien plus loin dans l'Océan. Sa première source, bien faible, jaillit à 1373 mètres au-dessus des mers, dans le département de l'Ardèche, sur le flanc d'un volcan éteint, le Gerbier-de-Joncs, haut de 1562 mètres. D'abord elle coule au nord, jusque vers Digoin, puis au nord-ouest, jusque vers Gien et Orléans, où elle tourne à l'ouest, direction qu'elle garde jusqu'à la mer. De sa source à son entrée dans le département d'Indre-et-Loire, elle longe ou traverse neuf départements : l'Ardèche, la Haute-Loire, la Loire, Saône-et-Loire, l'Allier, la Nièvre, le Cher, le Loiret et Loir-et-Cher. Les principales villes qu'elle baigne dans ce long trajet ou qu'elle laisse à quelques kilomètres seulement sur la gauche ou sur la droite sont : le Puy-en-Velay, Saint-Étienne-en-Forez, Roanne, Nevers, Cosne, Orléans et Blois. Quand il arrive dans Indre-et-Loire, le fleuve a déjà parcouru 700 kilomètres et reçu une grande rivière, l'Allier.

Son parcours dans Indre-et-Loire est d'environ 90 kilomètres. Sa largeur moyenne n'est que de 383 mètres, mais il y a 585 mètres en moyenne entre les deux digues élevées pour contenir l'eau des crues.

Les villes et bourgs voisins de la Loire sont : Mosne, Chargé ; Amboise, où elle se partage en deux bras ; Négron, Lussault ;

Montlouis, où le chemin de fer de Paris à Tours par Orléans la franchit sur un viaduc de douze arches ; Vouvray, aux vins renommés ; la Ville-aux-Dames ; Rochecorbon, où de nombreuses habitations ont été creusées dans le roc des falaises ; Saint-Pierre-des-Corps, Sainte-Radegonde ; Tours, qu'un pont de quinze arches relie aux coteaux, peuplés de villas, de Saint-Symphorien et de Saint-Cyr. En aval de Tours, un viaduc de quinze arches sert au passage du chemin de fer de Tours à Vendôme et au Mans. Viennent ensuite, en descendant encore le fleuve : Saint-Genouph, Luynes, Berthenay ; Cinq-Mars-la-Pile, avec son viaduc de dix-neuf arches (chemin de fer de Tours à Nantes) ; la Chapelle-aux-Naux, Langeais, Saint-Michel, Bréhémont, Saint-Patrice, Ingrandes, la Chapelle-sur-Loire, Port-Boulet, Chouzé et Candes.

Entre la limite d'Indre-et-Loire et la mer, la Loire traverse encore deux départements, ceux de Maine-et-Loire et de la Loire-Inférieure. Elle passe à Saumur, près d'Angers, d'où lui vient la Maine, rivière importante ; à Ancenis ; à Nantes, s'y transforme en un estuaire large de trois à quatre kilomètres, passe devant Paimbœuf et se jette dans l'Atlantique devant Saint-Nazaire, grand port de commerce en relations très-suivies avec l'Amérique.

La Loire étant officiellement navigable depuis la Noirie, c'est-à-dire depuis les environs de Saint-Étienne, tout à fait dans la partie supérieure de son cours, l'est à plus forte raison à son entrée en Indre-et-Loire. Mais l'irrégularité de ses eaux cause un grand tort à la navigation. En été, au commencement de l'automne, pendant certains jours, quelquefois pendant des semaines entières, elle ne roule plus que 25 à 32 ou 35 mètres cubes par seconde à son entrée dans le département. Quand elle ne débite que ce volume d'eau, très-faible pour un fleuve si large et si long, c'est moins une rivière qu'un grand lit de bancs de sable et d'îles boisées entre lesquelles serpentent des ruisseaux sans profondeur. Dans cet état de sécheresse, on essaye de maintenir, à force de dragages, un chenal navigable signalé par des balises.

Tours.

Quand la Loire sort du département, les apports du Cher, de l'Indre, et surtout de la Vienne, ont à peu près doublé son volume. Quant aux inondations, elles sont terribles : la Loire peut rouler dans ses grandes crues dix mille, douze mille, peut-être quinze mille mètres cubes d'eau par seconde, en d'autres termes dix millions, douze millions, quinze millions de litres.

Pour atténuer ces crues, et pour assurer en été une masse d'eau suffisante au fleuve, on a proposé d'établir sur la Loire supérieure et sur le haut Allier 68 barrages qui retiendraient ensemble 520 millions de mètres cubes d'eau dans des étangs artificiels. Ces 520 millions de mètres enlevés par les digues au courant d'inondation seraient lâchés par les vannes pour les besoins de la saison sèche et fourniraient au fleuve 60 mètres cubes par seconde pendant les cent jours de basses eaux.

A partir de Nantes, le fleuve, grossi par la marée, porte des navires qui ont traversé l'Océan; mais ces navires ne doivent pas caler plus de 3^m,50 à 5^m,50, parce que le lit de la Loire est encombré par des bancs de sable et des seuils peu profonds entre Nantes et l'Océan Atlantique.

La Loire reçoit, sur le territoire d'Indre-et-Loire, l'Amasse, la Cisse, la Choisille, la Bresme, le Cher, la Roumer, l'Indre, la Vienne et l'Authion.

L'*Amasse* (22 kilomètres) tombe dans la Loire (rive gauche) à Amboise. Formée en Loir-et-Cher, elle baigne, dans Indre-et-Loire, Souvigny et Saint-Règle.

La *Cisse*, venue de la Beauce de Loir-et-Cher, a un cours de 90 kilomètres, dont le tiers dans Indre-et-Loire, mais ce n'est aussi qu'un ruisseau, qui a ses sources dans la Beauce et sa vallée supérieure dans Loir-et-Cher. Sur le territoire du département, elle coule constamment dans la vallée du fleuve, à 800-2000 mètres des levées de la rive droite, et tout près du chemin de fer d'Orléans à Tours. La Cisse passe à Cangey, à Limeray, près de Pocé, à Nazelles, à Noizay, près de Vernou, et a son embouchure près de Vouvray, à 5 kilomètres en aval du viaduc de Montlouis. — Elle reçoit, vis-à-vis d'Amboise, sur sa rive droite, la *Ramberge*, qui coule devant Autrèche, Saint-

Château de Chenonceaux.

Ouen et Pocé; et, près de Vernou, aussi sur la rive droite, la Brenne (54 kilomètres). Celle-ci a ses sources dans Loir-et-Cher; sur le territoire d'Indre-et-Loire, elle arrose Neuville, Châteaurenault, où elle alimente des tanneries fort importantes et reçoit le *ruisseau du Gault*. La Brenne prête un moment sa vallée au chemin de fer de Vendôme à Tours, puis passe à Villedômer, près du menhir de Pierrefitte, à Neuilly-le-Lierre, à Reugny, à Chançay, à Vernou.

La *Choisille* (32 kilomètres) descend de la forêt de Beaumont, baigne Beaumont-la-Ronce, passe près de l'allée couverte de Saint-Antoine-du-Rocher, à Mettray, croise plusieurs fois la ligne de Tours au Mans et tombe dans la Loire (rive droite), en aval de Saint-Cyr, sous le viaduc par lequel cette ligne franchit le fleuve.

La *Bresme* (24 kilomètres), déversoir d'un étang de la commune de Semblançay, se perd aussi sur la rive droite, entre Luynes et Cinq-Mars, après avoir serpenté dans le vallon de Pernay et de Saint-Étienne-de-Chigny.

Le **Cher**, troisième rivière du département, débouche sur la rive gauche. Sur les 320 kilomètres de son cours, il en a 50 dans Indre-et-Loire, où de riches prairies, des châteaux, de gais villages s'abritent au pied des collines qui produisent les bons vins de la côte du Cher. Il prend sa source sur une montagne de 762 mètres d'altitude située dans le département de la Creuse, et baigne Montluçon (Allier), Saint-Amand-Mont-Rond et Vierzon (Cher). Dans Indre-et-Loire, où il pénètre à Chisseaux, le Cher, large de 111 mètres en moyenne, passe sous les arches qui portent le château de Chenonceaux; à Civray, à Bléré, près de Saint-Martin-le-Beau, à Azay, à Véretz, à Larçay; puis il entre dans la plaine de la Loire et, se tenant à 4 kilomètres, puis à 3, puis à 2, puis à 1 de la rive gauche de la Loire, coule, au delà de Saint-Avertin, derrière Tours, passe à la Riche, près des ruines du château de Plessis-lès-Tours, au pied des collines de Ballan et de Miré et des landes de Charlemagne, à Savonnières, près du beau château de Villandry, et va tomber dans la Loire en face de Cinq-Mars-la-Pile, au pied des arches du viaduc qui porte, d'un bord à l'autre de la Loire, le chemin de fer de Tours à Nantes. Le Cher, qui est canalisé, a peu d'eau en été, et ses crues les plus redoutables ne dépassent guère $4^m,50$ au-dessus de l'étiage. Dans la plaine de Tours, un canal long de 2 kilomètres 1/2 le fait communiquer avec la Loire. — Le Cher reçoit le ruisseau qui traverse l'*étang de Luzillé*, l'un des plus grands du département.

La *Roumer* (27 kilomètres), qui vient de l'étang de Cléré, passe aux Essarts et a son embouchure à Langeais (rive droite).

L'**Indre**, la quatrième rivière du département pour la longueur et pour le volume d'eau, est la première pour l'industrie. Elle alimente, dans le seul département d'Indre-et-Loire, plus de 50 usines, dont plusieurs sont considérables. Sur les 245 kilomètres de son cours, 88 appartiennent au département. L'Indre jaillit dans le département du Cher, sur les frontières de la Creuse, au pied d'une colline de 504 mètres d'altitude. Elle passe à la Châtre et à Châteauroux (Indre). Dans Indre-et-Loire, où elle pénètre près de Bridoré, cette jolie rivière occupe le fond d'une vallée charmante : si, de nos jours, un grand écrivain, George Sand, a célébré une autre rivière du département, la Creuse aux rochers austères, Balzac, l'une des gloires modernes de cette Touraine qui a produit tant de grands hommes, a consacré des pages admirables aux charmes paisibles de la vallée de l'Indre, dont le voyageur qui va de Tours à Poitiers peut prendre une idée fugitive du haut du viaduc de Monts. Ni trop large ni trop étroite, profonde et pure, la rivière, qui n'est bruyante qu'aux écluses et rapide qu'au pied des moulins, serpente dans la prairie, à l'ombre des bouquets d'arbres, entre des collines couronnées de bois, de châteaux, et çà et là coupées de brèches où débouchent de champêtres vallons. Généralement immobile et coulant à pleins bords à cause des retenues des usines, elle déborde à la moindre pluie. Elle se répand ainsi en largeur, et ses grandes crues se maintiennent entre 3 mètres et $3^m,50$ seulement au-dessus de l'étiage. L'Indre, arrosant les trois arrondissements d'Indre-et-Loire, rencontre d'abord la Chapelle-Saint-Hippolyte, Saint-

Germain, Saint-Jean et Perrusson, puis passe, en plusieurs bras, sous la ligne de ponts qui relient Beaulieu à Loches. Plus bas sont Chambourg, Azay-le-Chétif, Reignac, Courçay, le site le plus remarquable peut-être du département; Truyes, Cormery, Esvres et Veigné. Au-dessous de Montbazon, elle met en mouvement les roues de la poudrerie du Ripault, puis baigne les piles du magnifique viaduc de l'Indre (59 arches; chemin de fer de Tours à Poitiers). L'Indre rencontre ensuite Monts, Artannes, Pont-de-Ruan, Saché. Après avoir entouré l'île où s'élève le charmant château d'Azay-le-Rideau, elle baigne le pied des coteaux que couvre la forêt de Chinon, coule pendant plus de 16 kilomètres parallèlement à la Loire, dont la sépare une langue de terre d'un kilomètre seulement, touche la colline sur laquelle est bâti l'élégant château d'Ussé, et se jette dans le fleuve au-dessus de Port-Boulet, sur la rive gauche. —L'Indre a pour affluents, outre plusieurs sources, l'Indroye et l'Échandon. L'*Indroye* (55 kilomètres) naît dans le département de l'Indre, passe à Villedômain, à Loché, à Villeloin-Coulangé, à Montrésor, à Chemillé, à Genillé, à Saint-Quentin, à Chédigny, et tombe dans le fleuve (rive droite) à Azay-le-Chétif. Entre Montrésor et son embouchure, elle côtoie la forêt de Loches. Elle reçoit la *Tourmente* (24 kilomètres), qui passe près de Nouans, et le *ruisseau d'Olivet*, qui baigne Beaumont-Village. —L'*Échandon* (26 kilomètres) recueille les eaux du vaste étang du Louroux, coule devant Tauxigny et se perd dans la Loire en amont d'Esvres (rive gauche).

La **Vienne,** qui a son confluent à Candes, à la lisière du département de Maine-et-Loire, débouche aussi sur la rive gauche. C'est l'une des rivières les plus abondantes et les plus importantes du bassin de la Loire, et même de la France, la seconde du département pour la longueur et le débit. Sur un parcours de 372 kilomètres, elle n'en a que 49 dans Indre-et-Loire. La Vienne commence à 858 mètres d'altitude, dans une prairie du plateau de Millevache (Corrèze), et baigne Limoges (Haute-Vienne), Confolens (Charente), Châtellerault (Vienne). Dans Indre-et-Loire, où elle entre au-dessus d'Antogny et au

Chinon.

confluent de la Creuse, sa largeur moyenne est de 156 mètres, dans une large vallée, pittoresque et féconde ; mais, bien qu'elle soit classée comme navigable à partir de Châtellerault, le peu de profondeur de ses eaux, ses îles mobiles, ses sables mouvants, la rendent presque impraticable pendant une partie de l'année. Elle est sujette à des crues très-fortes. Heureusement, les grands débordements de cette rivière ne concordent pas souvent avec ceux du fleuve.

Les villages, bourgs et villes d'Indre-et-Loire voisins de la Vienne ou bâtis sur ses rives mêmes sont : Antogny-le-Tillac, Pussigny, Ports, Noyers, Marcilly, Nouâtre, Pouzay, Parçay, Trogues, Crouzilles, l'Ile-Bouchard, Tavant, Sazilly, Anché, Rivière, Chinon, Thizay, Savigny, Saint-Germain et Candes.

Jadis le confluent se trouvait à 16 kilomètres en aval : la Vienne coulait alors, jusqu'au-dessous de Saumur, dans le lit que remplit aujourd'hui la Loire ; celle-ci suivait la dépression dont le fond est occupé maintenant par l'Authion, et ce dernier, absorbé par le fleuve au pied des collines, n'existait pas encore dans la plaine.

La Vienne reçoit, dans Indre-et-Loire : à 2 kilomètres 1/2 en aval de Port-de-Piles, (rive droite) la Creuse (*V.* ci-dessous) ; — en amont de l'Ile-Bouchard, (rive gauche) la *Bourouse* (20 kilomètres), qui passe à Luzé, à Verneuil, à Chézelles et à Theneuil ; — à l'Ile-Bouchard, (rive droite) la *Manse* (34 kilomètres), qui doit ses premières eaux à un étang situé à 2 kilomètres 1/2 au sud de Bossée, coule dans un vallon profond, très-resserré, bordé de coteaux escarpés en talus abrupts, ou même en falaises, arrose Sainte-Maure, coule sous un beau viaduc, passe à Saint-Épain, à Crissay et près du dolmen de l'Ile-Bouchard ; — entre Anché et Rivière, (rive gauche) la *Veude* (48 kilomètres), née dans la Vienne et qui baigne Jaulnay, Razines, Braye, Chaveignes et Champigny ; son tributaire, la *Mable* ou *Amable* (28 kilomètres), née aussi dans la Vienne, baigne Richelieu et a son embouchure à Champigny ; — à 3 ou 4 kilomètres au-dessous de Chinon, (rive gauche) le *Négron* ou *Naigron* (26 kilomètres), qui commence à 4 kilomètres de

Loudun (Vienne), passe à la Roche-Clermault et près de la Devinière, et baigne ensuite le coteau de Cinais.

La **Creuse**, le seul grand tributaire de la Vienne dans Indre-et-Loire, est une des longues rivières de la France, mais son bassin est étroit, son volume d'eau faible. Elle descend d'une montagne de 920 mètres d'altitude, sur les frontières de la Corrèze et de la Creuse. Sinueuse, bruyante, limpide, elle parcourt des gorges d'un aspect sévère, passe à Aubusson et à quelques kilomètres de Guéret (Creuse). A son entrée dans Indre-et-Loire, qu'elle sépare du département de la Vienne, la Creuse a déjà parcouru 177 kilomètres. Yzeures, Chambon, Barrou, la Guerche, la Haye-Descartes et Balesmes sont les centres qu'elle y baigne. A 2 kilomètres 1/2 en amont de son embouchure, elle coule sous un viaduc du chemin de fer de Tours à Poitiers. De son entrée dans Indre-et-Loire à son embouchure dans la Vienne, au-dessous de Port-de-Piles, sa largeur moyenne approche de 100 mètres ; son lit, de sable, de gravier, de gros cailloux reposant sur le tuf, serait aux trois quarts desséché, en été, sans les retenues des usines et sans les *jards :* on appelle ainsi dans le pays des amas de cailloux, digues naturelles sur lesquelles la rivière forme des rapides. Les crues les plus fortes de la Creuse atteignent, suivant la largeur du lit, la forme et l'écartement de la vallée, 4 mètres 75 centimètres à 8 mètres 90 centimètres au-dessus de l'étiage. — Dans le département, la Creuse reçoit le Suin, la Gartempe, la Claise et l'Esvre.

Le *Suin*, long de 32 kilomètres, a son cours dans la Brenne. Il n'appartient à Indre-et-Loire que par son embouchure dans la Creuse, à Tournon-Saint-Pierre.

La **Gartempe**, rivière importante, dont le cours est de 170 kilomètres et qui est large de 50 à 60 mètres, vient d'une montagne de 687 mètres, voisine de Guéret (Creuse). Elle baigne Montmorillon (Vienne) et ne dépend du département que pour 5 ou 6 kilomètres, pendant lesquels elle sépare Indre-et-Loire de la Vienne.

La *Claise*, sur 86 kilomètres de cours, en a 33 dans le

département d'Indre-et-Loire. C'est une rivière large de 20 mètres. Elle reçoit les déversoirs de la plupart des étangs de la Brenne, met en mouvement des forges, arrose Bossay, Preuilly, Chaumussay, le Grand-Pressigny, Abilly, et tombe dans la Creuse (rive droite) au pont de Rives, à 5 kilomètres 1/2 en amont de la Haye-Descartes. On a vu ses eaux monter à près de 10 mètres au-dessus de l'étiage.—La Claise a pour tributaires : la *Muanne* (rive droite), déversoir d'un étang de la forêt de Preuilly ; l'*Aigronne* (34 kilomètres), ruisseau qui arrive de l'Indre, passe à Charnizay, au Petit-Pressigny, reçoit le *Rémillon*, venu de la Celle-Guenand, et a son embouchure au Grand-Pressigny (rive droite) ; le *Brignon* (26 kilomètres), qui a son origine près de Sainte-Jullite, arrose Betz, Paulmy, Neuilly-le-Brignon, et a son embouchure, sur la rive droite, entre le Grand-Pressigny et Abilly.

L'*Esvre* ou *Esve* (40 kilomètres) passe à Esves-le-Moutier, à Ligueil, à Civray et à Marcé. Ses trois affluents débouchent sur la rive droite ; ce sont : l'*Estrigueil*, ou *Estrigneul*, venu de Varennes et de Ciran ; la *Ligoire* (20 kilomètres), qui coule dans le vallon de Mouzay et de Vou ; la *Riolle*, voisine de la Chapelle-Blanche et de Bournan.

L'*Authion*, affluent de la Loire long de 106 kilomètres, a peu d'eau proportionnellement à la longueur de son cours ; comme elle, une fois entré dans le val de Loire, il serpente parallèlement au fleuve, à une distance de 3 ou 4 à 6 kilomètres. Il ne porte le nom d'Authion que dans sa partie inférieure, dans Maine-et-Loire. Dans Indre-et-Loire, où il parcourt 40 kilomètres, il s'appelle *Changeon*, ou *Changuy*, de sa source à Bourgueil ; de Bourgueil à la limite du département, il se nomme *Doit*. —L'Authion a pour affluents la Lane et le Lathan. La *Lane* (24 kilomètres) commence à la base des collines de Saint-Patrice, que couvre la forêt de Rochecotte, puis, toujours en plaine, elle suit l'ancien lit de la Loire jusqu'à son embouchure ; elle passe derrière Port-Boulet. — Le *Lathan*, ou *Latan* (56 kilomètres, dont 20 dans Indre-et-Loire), vient du château de Champchevrier, à la lisière du bois d'Ambillou et des landes de Bréviande, descend le vallon de Savigné, baigne Rillé, puis entre en Maine-et-Loire.

Le **Loir** est l'une des trois rivières qui forment la Maine, ce grand affluent de la Loire qui traverse Angers. Il ne touche pas le département d'Indre-et-Loire; aux endroits où il s'en rapproche le plus, il en est encore à 2 ou 3 kilomètres, mais il en reçoit quatre gros ruisseaux, tous par sa rive gauche : la Dême, l'Escotais, la Fare et la Maulne.

La *Dême* ou *Desme* (52 kilomètres, dont 20 dans le département) est formée dans les coteaux de Saint-Laurent-en-Gâtine et de la forêt de Beaumont; alimentée par des étangs, elle coule devant Marray, Chemillé, Épeigné, et tombe dans le Loir à 3 kilomètres de Château-du-Loir. Longue de 52 kilomètres, dont 20 dans le département, elle a pour affluent (rive droite) la *Dêmée*, ou *Desmée*, qui passe aux Ermites et a son embouchure à Chemillé.

L'*Escotais*, ou *Ecotais* (25 kilomètres), sorti de l'étang d'Armilly, voisin de Neuillé-Pont-Pierre, prête, de son origine à son embouchure, son vallon au chemin de fer de Tours au Mans ; il passe à 1,500 mètres au nord de Neuillé-Pont-Pierre, près du menhir de la Grange-Saint-Martin et du dolmen de Marcilly, au château de la Roche-Racan, à Saint-Paterne, à Saint-Christophe, et s'unit, à Dissay-sous-Courcillon (Sarthe), au *Gravot* (24 kilomètres) : celui-ci jaillit à 4 kilomètres au sud-ouest de Beaumont-la-Ronce, passe près du dolmen du Coudray, à 1,500 mètres de Neuvy-le-Roi, près de Bueil, à Villebourg. Le cours d'eau formé par l'Escotais et le Gravot se perd dans le Loir, un peu en amont de Château-du-Loir.

La *Fare*, longue de 36 kilomètres, naît près du bois et du château de la Motte, voisin de Sonzay; en aval de Souvigné, la petite rivière forme deux étangs : le premier a son déversoir près du menhir et des ruines du château de Vaujours; le second, l'un des plus grands du département, et dont la longueur dépasse 2 kilomètres, l'*étang de Château-la-Vallière*, sépare la haute et la basse forêt de Château-la-Vallière et se termine à Château-la-Vallière même. Au-dessous de Villiers-au

Boin, la Fare passe dans le département de la Sarthe, où elle a
le tiers seulement de son cours, et où elle se mêle au Loir.
Près de sa sortie d'Indre-et-Loire, elle reçoit (rive droite)
l'*Ardillère*, qui passe à Brèches.

La *Maulne* (25 kilomètres) tire ses premières eaux du plateau semé de bois et d'étangs que bordent au nord et à l'est
les deux forêts de Château-la-Vallière. Au-dessous de Marcilly
et de Braye, après 15 kilomètres de cours, elle quitte le département et va se jeter dans le Loir.

IV. — Climat.

Indre-et-Loire, n'ayant pas de montagnes et étant situé
dans la zone tempérée, presque à égale distance du Pôle et de
l'Équateur, fait partie de la zone où règne le *climat séquanien*
ou climat parisien : climat doux, modéré, sans grands froids,
sans chaleurs extrêmes.

On peut prendre Tours pour le type du climat des centres
de population établis dans les vallées. En 1868, la journée la
plus froide a été le 5 janvier : ce jour-là, le thermomètre est
descendu à près de 13 degrés au-dessous de zéro. La moyenne
de l'année a été de plus de 12 degrés, et par conséquent supérieure à la moyenne habituelle, qui doit être de 11 degrés au
maximum (celle de Paris varie entre 9 et 10).

Dans cette même année 1868, on a compté 68 jours où le
ciel était au quart couvert, 74 où il l'était à moitié, 80 où il
l'était aux trois quarts, 78 où il l'était entièrement. Il y a eu
66 jours complétement sans nuages. Septembre et février sont
les mois où il y a eu le plus de beaux jours; janvier et octobre
ceux où il y a eu le plus de journées tristes et sombres. Le
nombre des jours de neige n'a pas dépassé 6 : 2 en décembre,
4 en janvier. Il y a eu 38 jours de gelée, 26 jours de gelée
blanche, 87 jours de rosée, 5 jours de grêle, 21 jours d'orage,
10 jours de brouillard, 119 jours de pluie.

Si toute l'eau tombée du ciel pendant l'année, pluie ou neige,
restait sur le sol sans être absorbée par la terre ou évaporée par

le soleil, on recueillerait, dans les 365 jours, une nappe d'eau profonde de 600 millimètres à Chinon, de 610 à Tours et de 640 à Loches. Cette moyenne est sensiblement inférieure à celle de la France entière, qui est de 770 millimètres.

V. — Curiosités naturelles.

Si Indre-et-Loire possède un grand nombre de sites gracieux et s'il offre de beaux points de vue au sommet des collines qui dominent ses rivières, il a peu de curiosités naturelles. A peine peut-on citer quelques chaînes de rochers, quelques grottes, quelques sources remarquables.

Des villages entiers sont creusés dans des *rochers* de tuf, à Montlouis, à Rochecorbon, à Saint-Antoine-du-Rocher, à Loches (faubourg Saint-Jacques), à Villaines. Une belle et longue chaîne de rochers nus, à pic, s'étend au-dessus de la rive droite de l'Indre, à Courçay.

Parmi les *grottes*, nous citerons celles de Savonnières, appelées *Caves Gouttières*, ou grottes de Villandry, les vastes grottes à stalactites de Rigny, les grottes d'Esvres, de Panzoult.

Les *sources* incrustantes qui sortent des rochers de Courçay sont fort abondantes, et font mouvoir deux usines avant de tomber dans l'Indre. La source pétrifiante de Truyes, aussi d'une grande abondance, fait marcher une papeterie et un moulin à farine. Une source pétrifiante existe également à Joué-lès-Tours.

L'*étang pétrifiant* de Genault, ou Montgénault, près de Betz, est vaste de 2 hectares.

VI. — Histoire.

La Touraine est une des contrées de la France qui ont conservé le plus de monuments mégalithiques : on cite, entre autres, les dolmens de l'Ile-Bouchard, de Boumiers, de Mettray, de Charnizay, de Ferrières, etc. Ces monuments, les plus anciens du pays, et que la légende attribue à Gargantua,

furent élevés par un peuple inconnu, qui habita, antérieure-
ment à toute histoire, les vastes forêts dont le sol de la France
actuelle était alors presque entièrement couvert.

A ce peuple ou à d'autres succédèrent, sur les bords de la
Loire, des tribus celtiques, soumises à la toute-puissante in-
fluence des Druides. Celle des Turons (*Turones*), dont la capitale, *Altionos*, s'élevait sur les coteaux de Saint-Symphorien, en face de la ville actuelle de Tours, paraît avoir occupé
tout le territoire compris aujourd'hui dans le département
d'Indre-et-Loire et une partie de celui de Loir-et-Cher,
habité spécialement par les *Carnutes*. Vers le nord, les Turons
confinaient aux *Cenomani;* du côté de l'ouest, aux *Andes* ou
Andecavi; du côté du sud, aux *Pictons* ou *Pictavi* et aux
Bituriges.

Soumis facilement par César lors de la conquête des Gaules,
les Turons répondirent des premiers à l'appel de Vercingéto-
rix, quand le héros arverne entreprit de repousser les conqué-
rants ; lorsqu'il se fut enfermé dans Alesia, ils fournirent un
contingent de 8,000 hommes à l'armée qui essaya de le déli-
vrer. Enclavé dans la Celtique, qui, sous Auguste, prit le nom
de Lyonnaise (Tours s'appela alors *Cæsarodunum*), le pays des
Turons fit partie de la troisième Lyonnaise, après la division
de cette province en quatre parties (IVe siècle). Sous Tibère, les
Turons, comme plusieurs autres peuples des Gaules, prirent
encore une fois les armes pour reconquérir leur indépendance,
mais leurs efforts furent inutiles, et les chefs de la rébellion,
Julius Florus, dans la Belgique, Sacrovir, dans la Celtique,
se tuèrent pour ne pas voir l'asservissement définitif de leur
patrie.

Ce fut au milieu du IIIe siècle (selon quelques érudits à la
fin du Ier siècle) que le christianisme fut prêché pour la première fois en Touraine par saint Gatien, qui devint le premier
évêque et le patron de Tours. Le plus célèbre des successeurs
de saint Gatien, saint Martin, le grand apôtre des campagnes
gallo-romaines, fonda à Ligugé, près de Poitiers, le premier
monastère des Gaules, en établit un second à Marmoutier et

mourut à Candes, en 397. Ses reliques, rapportées à Tours, furent déposées dans une basilique longtemps célèbre, plusieurs fois ruinée, et démolie presque totalement en 1804. Ce fut, jusqu'à Charlemagne, le grand pèlerinage national de la Gaule, et il se forma bientôt autour d'elle un monastère avec un bourg distinct, qui prit le nom de Châteauneuf.

Vers l'an 428, les Turons repoussèrent une première fois les Wisigoths, mais, en 480, ceux-ci réussirent à incorporer la rive gauche de la Loire à leur royaume d'Aquitaine. En 507, le roi des Francs, Clovis, après avoir défait les Wisigoths à Vouillé, devint maître, à son tour, des vastes régions com-

Dolmen de l'Ile-Bouchard.

prises entre la Loire, les Pyrénées occidentales, la Haute-Garonne et les Cévennes. Il vint rendre grâces à Dieu dans la basilique de Saint-Martin, à Tours, et y ceignit le diadème que lui avait envoyé l'empereur Anastase. Après sa mort, la Touraine fut, à diverses reprises, un objet de conflit entre ses successeurs. Clodomir, roi d'Orléans, Clotaire Ier, roi de Soissons, Caribert, roi de Paris, Sigebert, roi d'Austrasie, Chilpéric Ier, Clotaire II, Childebert II d'Austrasie, et Théodoric II, la possédèrent successivement, de 511 à 595. Dagobert Ier la réunit à la Neustrie (622).

Dans la dernière partie du vi^e siècle (573-595), la Touraine avait eu pour évêque saint Grégoire de Tours, surnommé à juste titre le *père de l'histoire de France*.

225 ans après la victoire de Clovis sur les Wisigoths, l'an 732, la civilisation chrétienne courut dans les Gaules un nouveau danger. Les Arabes, après avoir envahi l'Afrique et l'Espagne, avaient pénétré en Gaule par la Septimanie; ils avaient ravagé toute l'Aquitaine et le Poitou et menaçaient la Touraine, lorsque Charles-Martel accourut à leur rencontre. Il engagea près de Tours cette bataille célèbre qui se termina dans les plaines du Poitou, à Moussais-la-Bataille, par la défaite d'Abd-er-Rhaman.

Sous Charlemagne, Alcuin, revêtu du titre d'abbé de Saint-Martin, établit à Tours la première école publique de théologie et de philosophie qui ait existé en France.

Après la mort du grand empereur, les Normands ravagèrent plusieurs fois la Touraine. La belle défense des habitants les fit échouer dans leur première tentative (838) contre la capitale de cette province; mais ils réussirent à s'en emparer, et la saccagèrent, en 853. Charles le Chauve leur opposa avec succès *Robert II* dit *le Fort*, duc de France, comte de Tours et de Blois, dont le successeur, *Hugues*, puis les fils, *Eudes*, comte de Paris, et *Robert III*, continuèrent les exploits, sans réussir cependant à préserver la ville de Tours, en 903, année où elle fut de nouveau pillée et brûlée.

Eudes et Robert furent successivement appelés au trône par une partie des seigneurs du royaume : le premier, après la déposition de Charles le Gros, aux lieu et place duquel il avait vaillamment défendu Paris contre les Normands; le second, en remplacement de Charles le Simple, dont la honteuse faiblesse envers Rollon (il lui avait abandonné la province appelée depuis Normandie) avait été considérée comme une déchéance morale. Le fils de Robert, *Hugues le Grand*, n'hérita point de la couronne, qu'il dédaigna peut-être; mais son petit-fils, Hugues Capet, la recueillit, à la mort de Louis V, le Fainéant, et la transmit à sa race.

Hugues le Grand avait pour lieutenant ou vicomte, dans la province de Tours, un seigneur du nom de *Thibault*, qui avait épousé Richilde, fille de Robert le Fort, et comtesse de Blois et

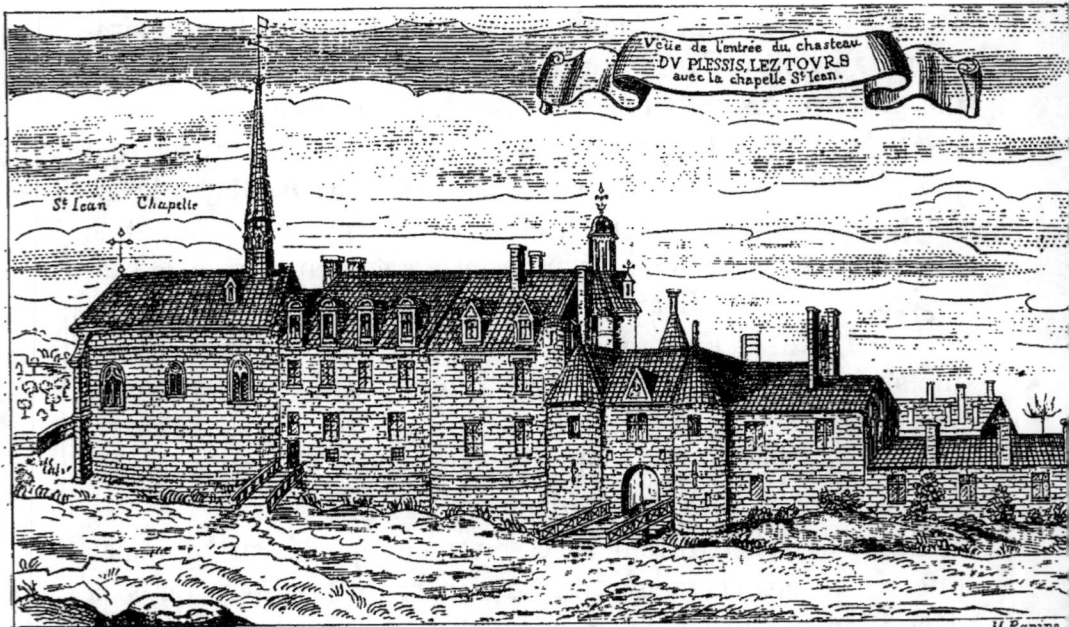

Vüe de l'entrée du chasteau
DV PLESSIS, LEZ TOVRS
auec la chapelle St Iean.

St Iean   Chapelle

P. Sellier, del.

M. Rapine.

Ancien château de Plessis-lès-Tours.

de Chartres. De ce mariage naquit *Thibault le Vieux* ou *le Tricheur*, qui fut, vers la fin du Xe siècle, le premier comte héréditaire de Tours, de Blois et de Chartres, seigneur de Chinon, de Montaigu, de Vierzon, de Sancerre et de Saumur, et ainsi l'un des princes les plus puissants du royaume. Ses descendants ne conservèrent pas longtemps le comté de Tours : *Eudes Ier* et *Eudes II* ne le défendirent qu'à grand'peine contre les tentatives du redoutable Foulques Nerra, comte d'Anjou, qui occupa quelque temps la Touraine; *Thibault III*, fils d'Eudes II, fut tout à fait impuissant à repousser *Geoffroi Martel*, héritier des états et des projets d'annexion de Foulques. A partir de cette époque (1044), la Touraine suivit le sort de l'Anjou et fut, plus d'une fois, le théâtre des guerres entre les rois de France et les rois d'Angleterre (l'un de ces derniers, Henri II, mourut au château de Chinon, en 1189), jusqu'à ce que Philippe Auguste s'en fût emparé (1204), après le meurtre d'Arthur de Bretagne par Jean Sans-Terre. Un traité conclu, en 1242, entre saint Louis et Henri III d'Angleterre, ratifia cette réunion de la Touraine au royaume de France, réunion qui ne devint cependant définitive qu'en 1584, à la mort de *François*, duc d'Alençon, le dernier apanagiste de la province.

Du treizième au seizième siècle, presque tous les rois de France séjournèrent plus ou moins longtemps en Touraine, « attirés, dit M. de Saulcy (*Histoire des villes de France*), par les soins de la guerre et de la politique autant que par le goût des plaisirs et de la retraite. Cette province est paisible; mais comme les Anglais possèdent encore l'Anjou, le Poitou, l'Aquitaine, elle est le point d'où l'on observe et où l'on se prépare à combattre ces ennemis du royaume. » En 1223 et en 1265, Louis VIII et Philippe le Hardi avaient rassemblé leurs armées à Tours; Louis IX y était venu en 1226 avec sa mère, Blanche de Castille; en 1308, Philippe le Bel y fait ratifier par les États la condamnation des Templiers. Charles VI, privé de sa raison, et Isabeau de Bavière, son indigne épouse, y sont successivement relégués. Charles VII partage sa vie entre les trois résidences royales de Tours, de Loches

Château d'Amboise.

et de Chinon ; il s'y entoure de plaisirs et de fêtes, tandis que les Anglais envahissent ses dernières provinces. C'est à Chinon que Jeanne d'Arc lui fut présentée et qu'elle le décida à secourir les Orléanais. Lorsque, enfin, la Pucelle lui a rendu son royaume, il revient à Tours rendre grâces à Dieu et ratifier le traité d'Arras (1435). Louis XI fait en quelque sorte de Tours, ou plutôt de son château du Plessis, la capitale du royaume, tandis que sa femme et ses enfants habitent le château d'Amboise. Les États de 1484, réunis à Tours, ratifient les dernières volontés de Louis XI et conservent la régence à Anne de Beaujeu, malgré l'opposition du duc d'Orléans. Charles VIII, né à Amboise, entreprend d'en faire la plus belle résidence de son royaume et y meurt avant d'avoir pu exécuter entièrement son projet (1498). Louis XII tient, au château du Plessis, les États de 1506, qui le proclament le *Père du peuple*, et partage sa prédilection entre Blois et Amboise. François Ier passe une partie de sa jeunesse dans ce dernier château et y reçoit, en 1539, la visite de Charles-Quint. Enfin, la Touraine est le théâtre de l'un des événements les plus importants et les plus dramatiques du seizième siècle, la conjuration d'Amboise.

En 1560, sous le règne de François II, les protestants, persécutés, effrayés de l'ascendant que prenaient les Guises, formèrent le projet de les tuer ou de les faire prisonniers, d'enlever le roi à Blois et de donner le gouvernement aux princes bourbons, qui convoqueraient les États généraux. L'âme de cette conjuration était le prince de Condé ; son chef apparent, un gentilhomme périgourdin, la Renaudie, dont l'audace égalait l'intelligence. Des révélations et des dénonciations précises mirent les Guises sur leurs gardes ; ils se hâtèrent de quitter Blois et d'emmener le jeune roi à Amboise, où un coup de main était bien moins à craindre. Cependant les conjurés ne se laissèrent pas abattre par ce contre-temps. Ils marchèrent sur Amboise par petites bandes. Une seconde trahison les perdit. Guise les fit attaquer et battre en détail par de fortes patrouilles. La Renaudie fut tué d'un coup de feu dans une de ces rencontres, près de Châteaurenault. Les

Mort de la Renaudie.

Guises crurent le danger passé et publièrent un édit d'amnistie ; mais cet édit fut presque aussitôt 'révoqué ; car, le 19 mars, une dernière troupe de conjurés essaya de s'emparer de la ville. Le combat recommença, et Condé, qui s'était rendu à la cour, pour détourner les soupçons, dirent les u s pour aider les huguenots, soutinrent les autres, se vit obligé de tremper son épée dans le sang de ses complices, vaincus, désarmés, égorgés.

« Le rôle des soldats était fini, dit M. Henri Martin (*Histoire de France*), celui des bourreaux commençait. Les vengeances de la faction victorieuse furent atroces, implacables, la Loire était couverte de cadavres, attachés par six, huit, quinze, à de longues perches ; les rues d'Amboise, tapissées de corps morts, ruisselaient de sang humain. On ne fit que *décapiter*, *pendre* ou *noyer gens* durant un mois. »

En 1561 et 1562, Tours et ses environs furent désolés par les guerres religieuses ; protestants et catholiques y commirent successivement toutes sortes d'excès ; l'abbaye et la basilique de Saint-Martin furent dévastées par les huguenots, qui ne respectèrent pas même le tombeau du saint, non plus que celui de saint François de Paule.

L'année suivante (1563), l'édit d'Amboise permit « aux seigneurs hauts-justiciers le libre exercice de la religion réformée dans toute l'étendue de leur seigneurie ; aux nobles, le même exercice dans leurs maisons ; aux bourgeois, la liberté de conscience, avec une ville pour célébrer le culte réformé. » Amboise fut alors abandonné par la cour, qui n'y revint jamais. Après la clôture des États de Blois, Henri III se retira à Tours, et ce fut de là qu'il partit avec le Béarnais pour Paris. Le château d'Amboise fut converti en une prison d'État. En 1630, Amboise fut compris dans l'apanage de Gaston d'Orléans.

Sous Louis XIV, Tours et la province dont cette ville occupe le centre eurent fort à souffrir de la révocation de l'édit de Nantes. La fabrication des étoffes de soie et celle des rubans y étaient alors très-florissantes ; l'annulation du célèbre édit rendu par Henri IV en 1598 fit passer à l'étranger le plus grand nombre des familles protestantes livrées à cette industrie, qui se réfugièrent en Hollande, en Allemagne et en Angleterre.

La Révolution de 1789 s'accomplit en Touraine sans violence. Sous l'Empire, la tranquillité de cette province ne fut jamais troublée. Après le désastre de Waterloo, une partie de l'armée de la Loire s'y retira et y reçut l'ordre de se licencier.

De 1847 à 1852, le château d'Amboise a servi de prison à Abd-el-Kader.

Pendant les trois derniers mois de 1870, Tours devint la résidence du gouvernement de la Défense nationale. Jamais nos armées ne furent plus malheureuses que dans l'automne de cette année, et, avant le commencement de 1871, le Gouvernement de Tours se vit contraint de se réfugier à Bordeaux, où devaient être votés les préliminaires de paix. Les Prussiens occupèrent Tours le 21 décembre 1870.

Pour terminer ce résumé historique, il nous reste à rappeler les désastres causés à Tours, à Saumur et dans les autres villes et villages du val de la Loire par les fréquentes inondations du fleuve.

VII. — Personnages célèbres.

Onzième siècle. — L'hérésiarque BÉRENGER (998-1088), né à Tours, trésorier de Saint-Martin de Tours.

Treizième siècle. — PIERRE DE LA BROSSE, barbier de saint Louis, devint le favori de Philippe le Hardi. Il fut pendu en 1276, sous l'inculpation d'avoir empoisonné le fils aîné de Philippe. — MARTIN IV, né à Reignac, fut pape de 1281 à 1285.

Quatorzième siècle. — BOUCICAUT (1364-1421), maréchal de France, batailla contre les Anglais, les Flamands, les Turcs ; fait prisonnier à Azincourt, il mourut en Angleterre.

Quinzième siècle. — AGNÈS SOREL (1409-1450), favorite du roi Charles VII, le détermina, par ses conseils patriotiques,

selon quelques historiens, à chasser les Anglais de la France.
— Jehan Fouquet (1420-1481), peintre célèbre, chef d'une
école qui fut l'origine de la Renaissance française. — Nicolas
Jenson, célèbre imprimeur. — Michel Colomb ou Columb
(1451-1515), né à Tours, sculpteur. — Semblançay (1445-
1527), surintendant des finances sous trois rois, fut injuste-
ment pendu à Montfaucon. — L'helléniste François Tissard
(1460-1508), qui fit imprimer, le premier en France, des livres
grecs et hébreux. — Guillaume Briçonnet, principal ministre
de Charles VIII, prêtre, puis évêque et cardinal, après la mort
de sa femme. — Charles VIII, roi de France, naquit à Amboise
en 1470; il y mourut en 1498. — La bienheureuse Françoise
d'Amboise, femme de Pierre II, duc de Bretagne.

Seizième siècle. — Guillaume Briçonnet, fils du ministre
de Charles VIII, évêque de Lodève et de Meaux. — François
Rabelais (1483-1553), né près de Chinon, écrivit, dans un
style immortel et avec un esprit merveilleux, un grand roman
satirique, les *Faits et dits du géant Gargantua et de son fils
Pantagruel,* malheureusement rempli de grossièretés. —
Christophe Plantin (1514-1589), célèbre imprimeur, né à
Saint-Avertin. — Jean et Antoine Juste, de Tours (1535),
sculpteurs (mausolée de Louis XII, à Saint-Denis). — François
Clouet, dit Jehannet, peintre de François Ier, Henri II, Fran-
çois II et Charles IX. — Robert Pinaigrier, peintre sur verre.
— Gabrielle d'Estrées (1571-1598) allait devenir la femme
d'Henri IV, quand elle mourut subitement.

Dix-septième siècle. — André Duchesne (1584-1640), géo-
graphe du roi, généalogiste. — Racan (1589-1670), né au château de la Roche-Racan, près de Saint-Paterne, composa des *Ber-
geries* et des Odes sacrées. — René Descartes (1596-1650), l'un
des plus grands génies du monde entier, naquit le 31 mars 1596,
à la Haye, vécut longtemps en Hollande et mourut en Suède
le 11 février 1650. — Abraham Bosse (1602-1660), graveur,
né à Tours. — René Rapin (1621-1687), né à Tours, l'un
des meilleurs poëtes latins modernes. — Jean Commire (1625-
1702), jésuite, poëte latin, né à Amboise. — Madame de la

Vallière (1644-1710), célèbre par la passion criminelle qu'elle inspira à Louis XIV, et par sa pénitence.

Dix-huitième siècle. — Destouches (1680-1754), né à Tours, tient un rang distingué parmi nos poëtes comiques. Ses pièces les plus célèbres sont *le Glorieux* et *le Philosophe marié.* — Julien Leroy (1686-1759), né à Tours, éleva l'horlogerie française au premier rang. — Jacques Hardion (1686-1766), érudit, né à Tours. — Paul Foucher (1704-1778), oratorien, érudit, né à Tours. — Louis Dutens (1730-1812), né à Tours, littérateur, historiographe du roi d'Angleterre. — Saint-Martin (1743-1803) fut célèbre, au siècle dernier, sous le surnom du *Philosophe inconnu.* Il publia de nombreux livres de philosophie religieuse. — Menou (1750-1810), général de la république, commanda en Égypte après la mort de Kléber. Il se fit battre par les Anglais et capitula.

Dix-neuvième siècle. — Jean-Nicolas Bouilly (1763-1842), auteur dramatique et moraliste. — Le célèbre romancier Honoré de Balzac (1799-1850), l'auteur de *la Comédie humaine*, né à Tours. — Le poëte Alfred de Vigny (1797-1863), l'auteur de *Cinq-Mars*, de *Stello*, etc., né à Loches.

VIII. — Population, langue, culte, instruction publique.

La *population* d'Indre-et-Loire s'élève, d'après le recensement de 1876, à 324,875 habitants (160,940 du sexe masculin, 163,935 du sexe féminin). A ce point de vue, c'est le 54e département. Le chiffre des habitants divisé par celui des hectares donne environ 53 habitants par 100 hectares ou par kilomètre carré: c'est ce qu'on nomme la *population spécifique.* La France entière ayant 69 à 70 habitants par kilomètre carré, il en résulte qu'Indre-et-Loire renferme, à surface égale, 16 à 17 habitants de moins que l'ensemble de notre pays. Sous le rapport de la population spécifique, Indre-et-Loire est le 56e département.

Depuis 1801, date du premier recensement officiel, Indre-et-Loire a gagné 7,853 habitants.

Aucun patois n'existe dans le département, et il y a peu de contrées en France où la langue nationale soit plus purement parlée par toutes les classes de la société.

Presque tous les Tourangeaux sont catholiques. Sur les 324,875 habitants de 1876, on ne comptait que 600 à 700 protestants et une cinquantaine d'israélites.

Le nombre des *naissances* a été, en 1875, de 6,711 (plus 273 mort-nés); celui des *décès*, de 6,613; celui des *mariages*, de 2,559.

La *vie moyenne* est de 39 ans 11 mois.

Le *lycée* de Tours a compté, en 1877, 436 élèves; les *collèges communaux* de Chinon, et de Loches, 180; 4 *institutions secondaires libres*, 401; 505 *écoles primaires*, 32,743; 25 *salles d'asile*, 29,401; 180 *cours d'adultes*, 3,584.

Sur 36 accusés de crime, en 1873, on a compté :

Accusés ne sachant ni lire ni écrire.	13
— sachant lire ou écrire imparfaitement. . . .	20
— sachant bien lire et bien écrire.	2
— ayant reçu une instruction supérieure. . . .	1

IX. — Divisions administratives.

Le département d'Indre-et-Loire forme l'archidiocèse de Tours, — la 18e division militaire du 9e corps d'armée (Tours). — Il ressortit : à la cour d'appel d'Orléans, — à l'Académie de Poitiers, — à la 12e légion de gendarmerie (Tours), — à la 15e inspection des ponts et chaussées, — à la 19e conservation des forêts (Tours), — à l'arrondissement minéralogique de Nantes (division du Centre), — à la 4e région agricole (O.). —Il comprend : 3 arrondissements (Chinon, Loches, Tours), 24 cantons, 282 communes.

Chef-lieu du département : TOURS.

Chefs-lieux d'arrondissement : CHINON, LOCHES, TOURS.

Arrondissement de Chinon (7 cant.; 87 com.; 168,250 hect.; 84,796 h.).

Canton d'Azay-le-Rideau (12 com.; 25,875 hect.; 12,664 h.). — Azay-le-Rideau — Saint-Benoît — Bréhémont — Chapelle-aux-Naux (La) —

Cheillé — Lignières — Rigny-Ussé — Rivarennes — Saché — Thilouze — Vallères — Villaines.

Canton de Bourgueil (6 com.; 15,818 hect.; 13,726 h.). — Benais — Bourgueil — Chapelle-sur-Loire (La) — Chouzé-sur-Loire — Saint-Nicolas-de-Bourgueil — Restigné.

Canton de Chinon (13 com.; 21,261 hect.; 15,648 h.). — Avoine — Beaumont-en-Véron — Candes — Chinon — Cinais — Couziers — Saint-Germain-sur-Vienne — Huismes — Lerné — Roche-Clermault (La) — Savigny — Seuilly — Thizay.

Canton de l'Ile-Bouchard (16 com.; 23,844 hect.; 8,951 h.). — Anché — Avon — Brizay — Chezelles — Cravant — Crissay — Crouzilles — Ile-Bouchard (L') — Panzoult — Parçay-sur-Vienne — Rilly — Rivière — Sazilly — Tavant — Theneuil — Trogues.

Canton de Langeais (11 com.; 29,308 hect.; 12,899 h.). — Avrillé — Cinq-Mars-la-Pile — Cléré — Continvoir — Essards (Les) — Gizeux — Ingrandes — Langeais — Mazières — Saint-Michel — Saint-Patrice.

Canton de Richelieu (17 com.; 29,237 hect.; 11,730 h.). — Assay — Braslou — Braye-sous-Faye — Champigny — Chaveignes — Courcoué — Faye-la-Vineuse — Jaulnay — Lémeré — Ligré — Luzé — Marçay — Marigny-Marmande — Razines — Richelieu — Tour-Saint-Gelin (La) — Verneuil-le-Château.

Canton de Sainte-Maure (12 com.; 22,907 hect.; 9,178 h.). — Antogny — Sainte-Catherine-de-Fierbois — Saint-Épain — Maillé — Marcilly-sur-Vienne — Sainte-Maure — Neuil — Nouâtre — Noyant — Ports — Pouzay — Pussigny.

Arrondissement de Loches (6 cant.; 68 com.; 181,890 hect.; 63,932 h.).

Canton du Grand-Pressigny (9 com.; 28,668 hect.; 8,958 h.). — Barrou — Betz — Celle-Guenand (La) — Ferrière-Larçon — Saint-Flovier — Guerche (La) — Paulmy — Pressigny (Le Grand-) — Pressigny (Le Petit-).

Canton de la Haye-Descartes (10 com.; 20,505 hect.; 8,977 h.). — Abilly — Balesmes — Celle-Saint-Avant (La) — Civray-sur-Esves — Cussay — Draché — Haye-Descartes (La) — Marcé-sur-Esves — Neuilly-le-Brignon — Sepmes.

Canton de Ligueil (13 com.; 28,358 hect.; 9,498 h.). — Bossée — Bournan — Chapelle-Blanche (La) — Ciran — Esves-le-Moutier — Ligueil — Louans — Louroux (Le) — Manthelan — Mouzay — Saint-Senoch — Varennes — Vou.

Canton de Loches (18 com.; 40,914 hect.; 17,477 h.). — Azay-sur-Indre — Saint-Bauld — Beaulieu-lès-Loches — Bridoré — Chambourg — Chanceaux — Chédigny — Dolus — Ferrière-sur-Beaulieu — Saint-Hippolyte — Saint-Jean-Saint-Germain — Loches — Perrusson — Saint-Quentin — Reignac — Sennevières — Tauxigny — Verneuil-sur-Indre.

Canton de Montrésor (10 com.; 37,313 hect.; 9285 h.). — Beaumont-Village — Chemillé-sur-Indrois — Genillé — Liége (Le) — Loché — Montrésor — Nouans — Orbigny — Villedômain — Villeloin-Coulangé.

Canton de Preuilly (8 com.; 26,130 hect.; 9,757 h.). — Bossay —

Boussay — Chambon — Charnizay — Chaumussay — Preuilly — Saint-Pierre-de-Tournon — Yzeures.

Arrondissement de Tours (11 cant.; 127 com.; 262,923 hect.; 176,147 h.).

Canton d'Amboise (15 com.; 23,744 hect.; 15,714 h.). — Amboise — Cangey — Chargé —Saint-Denis-Hors — Limeray — Lussault — Saint-Martin-le-Beau — Montreuil — Mosnes — Nazelles — Négron — Saint-Ouen — Pocé — Saint-Règle — Souvigny.

Canton de Bléré (15 com.; 33,650 hect.; 16,294 h.). — Athée — Azay-sur-Cher — Bléré — Céré — Chenonceaux — Chisseaux — Cigogné — Civray-sur-Cher — Courçay — Croix-de-Bléré (La) — Dierre — Épeigné-les-Bois — Francueil — Luzillé — Sublaines.

Canton de Château-la-Vallière (15 com.; 33,802 hect.; 10,447 h.). — Ambillou — Braye-sur-Maulne — Brèches — Channay — Château-la-Vallière — Couesmes — Courcelles — Hommes — Saint-Laurent-de-Lin — Lublé — Marcilly-sur-Maulne — Rillé — Savigné — Souvigné — Villiers-au-Bouin.

Canton de Châteaurenault (15 com.; 33,722 hect.; 12,350 h.). — Autrèche — Auzouer — Boulay (Le) — Châteaurenault — Crotelles — Dame-Marie-des-Bois —Hermites (Les)— Saint-Laurent-en-Gâtine — Monthodon — Morand — Neuville — Saint-Nicolas-des-Motets — Nouzilly — Saunay — Villedômer.

Canton de Montbazon (14 com.; 31,982 hect.; 15,534 h.). — Artannes —Ballan — Saint-Branchs — Chambray — Cormery — Druye—Esvres—Montbazon — Monts — Pont-de-Ruan — Sorigny — Truyes — Veigné — Villeperdue.

Canton de Neuillé-Pont-Pierre (10 com.; 23,716 hect.; 8,354 h.). — Saint-Antoine-du-Rocher — Beaumont-la-Ronce — Cerelles — Charentilly — Neuillé-Pont-Pierre — Pernay — Saint-Roch — Rouziers — Semblançay — Sonzay.

Canton de Neuvy-le-Roi (11 com.; 26,985 hect.; 8,695 h.). — Saint-Aubin — Bueil — Chemillé-sur-Dême — Saint-Christophe — Épeigné-sur-Dême — Ferrière (La) — Louestault — Marray — Neuvy-le-Roi — Saint-Paterne — Villebourg.

Canton Centre de Tours (1 com.; 1,076 hect.; 24,718 h.). — Tours (Section de).

Canton Nord de Tours (10 com.; 15,326 hect.; 15,721 h.). — Saint-Cyr-sur-Loire — Saint-Étienne-de-Chigny — Fondettes — Luynes — Membrolle (La) — Mettray — Sainte-Radegonde — Saint-Symphorien — Tours (Section de) — Ville-aux-Dames (La).

Canton Sud de Tours (12 com.; 16,518 hect.; 35,602 h.). — Saint-Avertin — Berthenay — Saint-Genouph — Joué-lès-Tours — Larçay — Montlouis — Pierre-des-Corps (Saint-) — Riche (La) — Savonnières — Tours (Section de) — Véretz — Villandry.

Canton de Vouvray (11 com.; 22,402 hect.; 12,718 h.). — Chançay — Chanceaux — Monnaie — Neuillé-le-Lierre — Noizay — Notre-Dame-d'Oé — Parçay-Meslay — Reugny — Rochecorbon — Vernou — Vouvray.

X. — Agriculture, productions.

Sur les 611,370 hectares du département, on compte :

Terres labourables.	545,532 hectares.
Bois.	96,985
Landes.	50,340
Vignes.	44,778
Prés.	38,560

Le reste se partage entre les pâturages et pacages, les étangs, les emplacements de villes, de bourgs, de villages, de fermes, les surfaces prises par les routes, les chemins de fer, les cimetières, etc.

On compte dans le département 31,000 chevaux, 2,500 mulets, 11,200 ânes, petits mais vigoureux ; 67,700 animaux de l'espèce bovine, 188,200 moutons (242,000 kilogrammes de laine, en 1875), 31,500 porcs et 33,900 chèvres. 11,000 ruches d'abeilles ont produit, en 1875, 55,000 kilogrammes de miel et 3,300 de cire.

Dans son ensemble, le département d'Indre-et-Loire est d'une richesse agricole moyenne; près du dixième du territoire est encore en friche. Au nord de la Loire, les terres, d'une nature argileuse et tourbeuse, sont difficiles à assainir; elles sont susceptibles d'être amendées, mais elles ne peuvent acquérir la fertilité des terrains d'alluvions des vallées. Aussi, au lieu de convertir en cultures la grande étendue des terres en friches qui occupaient naguère cette partie du département, on y a fait des semis de pins et de châtaigniers aujourd'hui d'un bon rapport. Du reste, les paysans commencent à adopter, pour les parties en culture, les nouveaux procédés agronomiques, et les bonnes méthodes enseignées à la colonie agricole de Mettray ont peu à peu transformé l'aspect des gâtines environnantes. Une ferme-école existe aux Hubaudières (commune de Chédigny).

En se rapprochant de la Loire, la culture prend en deçà et au delà du fleuve un aspect bien différent. La fécondité du sol, la vigueur de la végétation, favorisée par la douceur humide d'un climat sans froids rigoureux et sans soleils torrides, contrastent singulièrement avec la contrée voisine. Les terres, formées d'un sable gras et connues sous le nom de *varennes*, sont propres à tous les genres de cultures et particulièrement à celle des céréales qui y viennent facilement sans engrais. Tout le sud du département offre également des terres fertiles, dont l'étendue augmente chaque jour par le défrichement des landes et le dessèchement des marais. On a assaini les prairies de la vallée inférieure de l'Indre,'à partir de Cormery; on a desséché les territoires, en partie marécageux, de la Chapelle-aux-Naux et de Bréhémont, dans le val de Loire, et le défrichement des landes du Ruchard est commencé. Ces landes, comprises entre la Vienne, la Manse et la forêt de Chinon, n'avaient pas moins de 4,000 hectares.

Les principales productions d'Indre-et-Loire sont les *céréales* et les vins. Les **vins** les plus renommés sont les vins rouges de Bourgueil, de Joué, de Restigné, de Chinon, de Saint-Avertin, de Vernou, et les vins blancs de Vouvray et de Rochecorbon. Le vignoble de Bourgueil a la plus grande réputation à cause de ses produits provenant de plants de Chambertin; toutefois le terroir a complétement changé le bouquet et la saveur des vins, qui, bien qu'excellents, ne ressemblent en rien à ceux de la Côte-d'Or; ils ne se conservent pas. — Le vin de Joué forme un bon ordinaire; c'est un vin qui a du corps et de la couleur; il se distingue par sa générosité et une grande franchise de goût. — Dans les grandes années, le vin de Vouvray est très-liquoreux; mais il faut considérer cette qualité comme exceptionnelle. En général très-capiteux, il a souvent un goût de tuf ou de terroir qui le déprécie pour les coupages.

La culture du *chanvre* constitue aussi une branche très-importante de l'industrie agricole du département; mais elle est concentrée dans quelques communes, entre le cours de la Loire, celui de l'Indre et la Vienne : à Cinq-Mars, Langeais, Saint-Michel, Saint-Patrice, Benais, Bourgueil, la Chapelle-sur-Loire, Chouzé-sur-Loire, la Chapelle-aux-Naux, Lignières, Rivarennes, Bréhémont, Rigny, etc. Certaines localités, telles que Benais, Bourgueil et Restigné, se livrent à la culture de la réglisse, Benais et les Essards à celle des échalotes, d'autres à celle de l'anis et de la coriandre. Langeais et la Chapelle-aux-Naux produisent les melons justement renommés dits *sucrins de Langeais*. Les citrouilles, les navets, les haricots blancs, les petits pois, cultivés sur une grande échelle, les oignons (pour la graine), les carottes, réussissent, ainsi que les autres *légumes*, dans tout le bassin de la Loire.

Le sud du département offre de riches prairies naturelles et beaucoup d'arbres fruitiers. Les innombrables *noyers* qui couvrent les terres hautes de l'arrondissement de Chinon produisent annuellement plus de 300,000 décalitres de noix. L'huile de noix est la seule employée par une grande partie de la population départementale. Les *pruniers* se cultivent principalement sur les bords de l'Indre, dans la vallée de la Vienne, de Chinon à Candes, surtout dans la commune de Huismes, et sur les hauteurs qui avoisinent le cours de la Loire, et particulièrement dans le canton de Ligueil. Les fruits de ces arbres, préparés et desséchés, jouissent, sous le nom de *pruneaux de Tours*, d'une réputation méritée. Dans le seul arrondissement de Chinon, 300,000 kilogrammes de ces fruits préparés sont livrés au commerce et donnent un revenu de 200,000 à 250,000 francs. Les prunes des environs de Saumur (Maine-et-Loire) sont vendues sous la même dénomination. Les communes de Chinon, Rivière, Anché et Sazilly produisent une quantité considérable de *cerises* qui s'exportent à Paris, en Belgique et en Angleterre.

La *truffe* se trouve aux environs d'Antogny, de Joué, Marigny-Marmande, Richelieu et dans le canton de Sainte-Maure, dont les

Colonie agricole pénitentiaire de Mettray.

précieux tubercules se débitent à Paris comme truffes du Périgord.

En 1876, les habitants ont récolté 974,880 hectolitres de froment, 83,500 de méteil, 120,000 de seigle, 132,825 d'orge, 5,100 de sarrasin, 7,680 de maïs et millet, 571,500 d'avoine, 864,000 de pommes de terre, 15,777 de légumes secs, 3,132 de châtaignes, 225,000 de betteraves, 22,500 quintaux de chanvre et 895,400 hectolitres de vin.

Les principales **forêts**, dont 8,796 hectares seulement appartiennent à l'État, sont celles d'Amboise, de Chinon, la forêt de Loches, longue de près de 15 kilomètres ; la forêt de Brouard, très-étroite, mais longue de 10 kilomètres, et dont une moitié appartient au département de l'Indre ; la forêt du Grand-Pressigny, celle de Sainte-Julitte, celle de Preuilly, dont les hautes futaies fournissent de beaux bois de construction ; la forêt de Fontevrault, dont une partie relève de Maine-et-Loire ; celles de Château-Renault, de Beaumont-la-Ronce. Les essences qui y dominent sont le chêne, le hêtre et le bouleau.

XI. — Industrie, produits minéraux.

Le *fer* abonde en divers états sur le territoire du département ; mais nulle part il n'est exploité. Les minerais se rencontrent dans les communes du Boulay, de Brèches, Sainte-Catherine-de-Fierbois, Chambray, Château-la-Vallière, la Ferrière, Joué-lès-Tours, Monthodon, Montreuil, Neuillé-Pont-Pierre, Rillé et Souvigné. Le territoire de Bourgueil offre des sulfures de fer. Dans le voisinage de Saint-Cyr, il n'est pas rare de trouver des rognons de pierre presque à l'état d'hématites. On rencontre sur divers points du pays des amas de scories encore riches en métal, provenant d'anciennes forges gauloises. Aux environs de Beaumont-la-Ronce et de Nouzilly sont répandues une assez grande quantité d'hématites.

Parmi les *eaux minérales* du département, nous citerons celles de Semblançay, qui sont ferrugineuses ; celles de Château-la-Vallière, des Fontaines-Rouges, dans la commune d'Èves-le-Moutier ; de Veigné. Bournan et Vallières possèdent des sources auxquelles on attribue des propriétés curatives.

Le département renferme de belles *carrières de pierre*. Channay a des carrières considérables de pierres coquillères. Les pierres calcaires d'Athée et de Sainte-Maure sont très-propres à la construction des ponts. Les pierres dures de l'Écorchereau (commune de Saint-Avertin) ont servi à bâtir la cathédrale de Tours. Sur le territoire de Saint-Paterne sont ouvertes plus de 25 carrières d'où sortent annuellement 80,000 quartiers. Les pierres tendres ou *tuffeau* (il se convertit presque entièrement en salpêtre) se tirent des coteaux du val de la Loire, principalement à Cinq-Mars et Rochecorbon. Une autre ressource pour Cinq-Mars est l'exploitation de *pierres meulières* estimées, dont l'exportation, qui s'étend jusqu'à l'Amérique, produit un revenu annuel d'environ 60,000 francs. Les carrières Paviers, près de l'Ile-Bouchard, fournissent une chaux hydraulique excellente.

Le plateau de Sainte-Maure, entre l'Indre et la Vienne, renferme un des dépôts géologiques les plus curieux de la France, les *falunières*, prodigieux amas de polypiers et de mollusques, jadis amoncelés par la mer, quand ses flots couvraient les fonds et battaient les rivages qui sont devenus la Touraine. Polypiers, mollusques et coquilles, celles-ci privées de leur nacre, qui s'est brisée en minces fragments (on en a reconnu plus de 500 espèces dans ce dépôt), sont enfouis à une petite profondeur sous la couche arable. L'épaisseur, très-variable, du dépôt est, en certains endroits, de 15 à 20 mètres; sa longueur est de 18 à 20 kilomètres sur 7 ou 8 de largeur. Le *falun* est un excellent engrais; on s'en sert dans le pays comme de marne pour l'amendement des terres. Les falunières s'étendent principalement dans les communes de Bossée, de Sainte-Catherine, de la Chapelle-Blanche, de Manthelan, de Louans, de Sainte-Maure, sur une superficie d'environ 15,000 hectares.

Les *argiles* à briques, à faïence et à poterie, la terre de pipe, etc., et principalement la *marne* sont répandues sur tout le territoire; ce dernier produit est exploité avec activité dans le sud du département, où les habitants l'emploient à l'amendement des terres.

La *tourbe* est assez abondante à Autrèches, Dame-Marie-des-Bois, Épeigné-sur-Dême, Langeais, Mettray. Le *lignite* s'extrait également dans ces communes.

Il existe des *fonderies de fer* à Abilly (fonderie et ateliers de construction), Bléré, Châteaurenault, Saint-Cyr-sur-Loire, Langeais et Tours (fonderies de fer et de cuivre). Tours livre aussi au commerce des essieux, enclumes, étaux, soufflets, de la *clouterie* et des voitures; Amboise, des essieux et des fers à repasser; Abilly et Tours, de la grosse *chaudronnerie*. Amboise et Tours ont des *fabriques de limes*; Bléré, des ateliers de constructions mécaniques. Champigny-sur-Veude fabrique des instruments aratoires; Amboise et Châteaurenault, des lits en fer; Abilly, Azay-le-Rideau, Bléré et Tours, des *pompes*; Amboise, Bléré et Tours, des pressoirs.

Un établissement d'un autre genre, mais très-considérable, est la **poudrerie du Ripault**, située près du château de Candé, sur la rive droite de l'Indre. Elle comprend une raffinerie de salpêtre et une poudrerie. La puissance de son cours d'eau, qui est en moyenne de 90 chevaux-vapeur, et sa position au sud de la Loire, dans une contrée sillonnée de nombreuses voies de communication, en font une des poudreries les plus importantes de la France.

La filature et le tissage de la laine occupent dans le département 230 ouvriers, 2,000 broches et 175 métiers. Les filatures sont situées à Amboise, Loches et Veigné. Beaulieu, Loches et Marray tissent des draps et autres étoffes de laine; mais le centre de cette industrie est à Tours, qui toutefois n'a plus son ancienne prospérité. Au temps de Louis XI, des fabricants d'étoffes, nationaux et étrangers, étaient venus s'y établir en foule, attirés par les promesses du roi. Au dix-septième siècle, cette ville eut également une période de grande prospérité, que la révocation de l'édit de Nantes vint arrêter brusquement. Tours a maintenant comme industries principales la fabrication des soies brochées pour meubles, des « gros de Tours » et d'autres étoffes, de la passementerie, de la soie à coudre, la préparation des laines ; cette ville a aussi des manufactures de couvertures et de tapis. Langeais fabrique des toiles de lin et de chanvre.

Tours, la première ville industrielle du département, possède aussi une des premières librairies de la France, la **librairie Mame** (imprimerie, librairie, reliure), qui occupe 1,200 employés.

Les autres établissements industriels les plus importants d'Indre-et-Loire sont : — des *tanneries*, corroiries ou mégisseries, dont les plus considérables sont les tanneries de Châteaurenault, les plus célèbres de la France ; les cuirs tannés dans les fosses de cette ville servent à fabriquer dans la localité même des quantités considérables de chaussures, genre d'industrie qui occupe aussi à Tours un assez grand nombre d'ouvriers ; — les *papeteries* de la Douée et de la Thibaudière près de Courçay, d'Azay-le-Rideau, de Balesmes, la Haye-Descartes, Reignac ; — les *scieries* mécaniques ou à vapeur de Bléré, Bourgueil, Champigny-sur-Veude, Chavaignes, l'Ile-Bouchard, Langeais, Preuilly, Saché, Tours, etc. ; — les *fabriques de meules* de Cinq-Mars.

Enfin nous mentionnerons les faïenceries ou poteries de Langeais, la fabrique de *terres cuites émaillées* d'Avisseau, à Tours, dont les produits sont recherchés des amateurs d'art ; la fabrique de *vitraux peints* de Tours (Léopold Lobin) ; des fabriques de produits chimiques et de céruse à Tours, de blanc de zinc à Saint-Cyr-sur-Loire, de colle forte à Châteaurenault : les *brasseries* de Loches, Marmoutier (commune de Sainte-Radegonde) et Tours ; la sucrerie de la Briche (près de Rillé) ; des fabriques de pâtes alimentaires, de fécule, de cire, d'amidon et de vinaigre à Tours, et de nombreuses fabriques de chaux, briques et carreaux réfractaires.

XII. — Commerce, chemins de fer, routes.

Le département *exporte* des soies, des vins rouges et blancs communs et champanisés, des eaux-de-vie, des grains, des bestiaux, des œufs, du beurre, des truffes, des jambons, des fruits secs, principalement des pruneaux, de la cire, du miel, des chanvres et du lin, des rillettes de Tours, des haricots qui s'expédient à Nantes et jusqu'en

Amérique, et, en général, tous les produits de l'industrie agricole.

Il *importe* des animaux de boucherie du Poitou et de l'Anjou, les denrées étrangères au sol et les denrées coloniales, des articles d'ameublement et de modes, des porcelaines, des faïences, des verreries, des étoffes de coton, des toiles et draps fins, de la chapellerie, etc., et de la houille, provenant pour la plus grande part de la Belgique et du bassin de Commentry (département de l'Allier).

Le département d'Indre-et-Loire est traversé par sept chemins de fer, ayant un développement total de 335 kilomètres.

Viaduc de Monts, sur l'Indre.

1° Le chemin de fer *de Paris à Bordeaux par Tours* entre dans Indre-et-Loire à 5 kilomètres en deçà de la gare de Limeray. Suivant la rive droite de la Loire, il dessert Limeray, Amboise, Noizay, Vernou, Vouvray, franchit le fleuve à Montlouis, dessert la station de ce nom et traverse, au-delà de Saint-Pierre-des-Corps, le canal qui réunit la Loire au Cher. En quittant Tours, il franchit le Cher, puis l'Indre sur un beau viaduc, dessert Monts, Villeperdue, passe sur le beau viaduc de la vallée de la Manse, à Sainte-Maure, et traversé la Creuse à Port-de-Piles, pour pénétrer dans le département de la Vienne, après un parcours de 77 kilomètres.

2° Le chemin de fer *de Tours à Nantes* se dirige presque en ligne droite entre la Loire et le Cher, dessert Savonnières et traverse la Loire près de l'embouchure du Cher. Il suit dès lors constamment la rive droite du fleuve, dessert Cinq-Mars, Langeais, Saint-Patrice, la Chapelle et Port-Boulet, pour entrer dans Maine-et-Loire, après un parcours de 50 kilomètres.

3° Le chemin de fer *de Paris à Tours par Vendôme* quitte Loir-et-Cher pour entrer dans Indre-et-Loire à 2 kilomètres avant Château-renault. Il dessert cette ville, Villedômer, Monnaie, Notre-Dame-d'Oé et, 7 kilomètres plus loin, près de Fondettes-Saint-Cyr, se raccorde avec la ligne du Mans à Tours, après un parcours de 29 kilomètres.

4° Le chemin de fer *de Tours au Mans* sort du département d'Indre-et-Loire pour entrer dans celui de la Sarthe à 2 kilomètres en deçà de la gare de Dissay-sous-Courcillon. Son parcours est de 33 kilomètres dans le département, où il dessert : Fondettes-Saint-Cyr, Mettray, Saint-Antoine-du-Rocher, Neuillé-Pont-Pierre et Saint-Paterne.

5° Le chemin de fer *de Tours à Vierzon* se détache de la ligne de Paris à Tours par Orléans à quelques kilomètres de la gare de Tours. Il dessert Véretz, Saint-Martin-le-Beau, la Croix-de-Bléré et Chenonceaux, et quitte, à 1 kilomètre environ de cette station, le département d'Indre-et-Loire pour entrer dans celui du Cher, après un parcours de 24 kilomètres.

6° Le chemin de fer *de Tours aux Sables-d'Olonne* a pour stations Joué-lès-Tours, Ballan, Druye, Azay-le-Rideau, Rivarennes, Huismes et Chinon. Au-delà, il entre dans la Vienne. Parcours, 60 kilomètres.

7° L'embranchement *de Tours à Châtillon-sur-Indre* dessert Joué, Montbazon, Esvres, Cormery, Reignac, Chambourg, Loches et Verneuil; puis il entre dans l'Indre. Parcours, 62 kilomètres.

Les voies de communication comptent 7,806 kilomètres, savoir :

7 chemins de fer			335 kil.
6 routes nationales			306
38 routes départementales			1,210
2658 chemins vicinaux	24 de grande communication	629	
	77 de moyenne communication	992	5,758
	2557 de petite communication	4,137	
4 rivières navigables			162
Canal de jonction du Cher à la Loire			35

XIII. — Dictionnaire des communes.

Abilly, 1,444 h., c. de la Haye-Descartes. ➝ Restes de l'ancien couvent de Rives, de l'ordre de Fontevrault.

Ambillou, 939 h., c. de Château-la-Vallière.

Amboise, 4,475 h., ch.-l. de c. de

Chapelle du château d'Amboise.

l'arrond. de Tours, ville agréablement située sur la rive gauche et dans une île de la Loire. ➝ Église Saint-Florentin, terminée en 1484; tout près, ancienne porte féodale.—Église Saint-Jean, bâtie par François Ier, en 1515. — De l'ancien château royal, riche en souvenirs historiques, il ne reste qu'un bâtiment du xve et du xvie s. et une aile de la Renaissance, qui vient s'appuyer, en retour d'équerre, du côté de la cour, contre le corps de logis gothique. Les remparts sont flanqués de trois grosses tours rondes dont l'une, haute de 40 mèt., est « si spacieuse, et si artificiellement construite que charrettes, mulets et litières y montaient aisément.» En dehors de l'enceinte du château, souterrains du xvi⁰ s., jadis présumés gaulois. A l'O. du jardin, chapelle Saint-Hubert, vrai bijou d'architecture gothique, élevée par Charles VIII. Elle renferme une partie des ossements de Léonard de Vinci. Tout le reste du château, qui appartient aux princes d'Orléans, a subi d'importantes restaurations. — Maison (mon. hist.) bâtie de 1500 à 1505, et convertie de nos jours en hôtel de ville. — Autre maison avec curieuse sculpture du moyen âge. — Château de Clos-Lucé (xvi⁰ s.), restauré avec goût, où mourut Léonard de Vinci, en 1519.

Anché, 528 h., c. de l'Ile-Bouchard.

Antogny, 651 h., c. de Ste-Maure.

Antoine-du-Rocher (St-), 691 h., c. de Neuillé-Pont-Pierre. ⭢ Sur les bords de la Choisille, important dolmen bien conservé, appelé grotte des Fées ou dolmen de Mettray; c'est un des mieux construits que l'on connaisse.

Artannes, 1,150 h., c. de Montbazon.

Assay, 542 h., c. de Richelieu.

Athée, 1,312 h., c. de Bléré. ⭢ Tour des Brandons (xiii⁰ s.), reste d'un château.

Aubin (Saint-), 516 h., c. de Neuvy-le-Roi.

Autrèche, 580 h., c. de Châteaurenault.

Auzouer, 666 h., c. de Châteaurenault. ⭢ Château de Pierrefitte, ayant appartenu à Mansart; aux environs, monument mégalithique.

Avertin (Saint-), 1,700 h., c. (Sud) de Tours.

Avoine, 818 h., c. de Chinon.

Avon, 797 h., c. de l'Ile-Bouchard. ⭢ Belle église du xii⁰ s. — Restes importants de l'ancienne collégiale des Roches (Renaissance).

Avrillé, 688 h., c. de Langeais.

Azay-le-Rideau, 2,160 h., ch.-l. de c. de l'arrond. de Chinon, sur les bords de l'Indre. ⭢ Magnifique château de la Renaissance, soigneusement restauré; façade ornée de bas-reliefs et de riches décorations; précieuse collection de tableaux, riche en portraits historiques, et divers objets curieux (vieux retable sculpté, meubles anciens, cheminées remarquables); très-beau parc. — Église des xi⁰, xi⁰ et xvi⁰ s.; curieuse façade (xi⁰ s.). — Château de l'Islette (xvi⁰ s.); tours à mâchicoulis.

Azay-sur-Cher, 1,260 h., c. de Bléré. ⭢ Ancien prieuré de Saint-Jean-du-Grès (xii⁰ s.).

Azay-sur-Indre, 505 h., c. de Loches.

Balesmes, 1,339 h., c. de la Haye-Descartes.

Ballan, 1,232 h., c. de Montbazon. ⭢ Église des xi⁰ et xvi⁰ s. — Ancien château de la Carte (commencement du xvi⁰ s.); chapelle renfermant de magnifiques vitraux de la Renaissance et une fresque du xviii⁰ s.

Barrou, 946 h., c. du Grand-Pressigny. ⭢ Ruines de la Commanderie de Lépinat.

Bauld (Saint-), 212 h., c. de Loches.

Beaulieu, 1,612 h., c. de Loches. ⭢ Église d'une ancienne abbaye fondée par Foulques Nerra, en 1010; beau clocher roman; chœur du xv⁰ s.; belles stalles de la Renaissance. — Au logis de l'abbé, reconstruit au xvi⁰ et au xviii⁰ s., curieuse chaire extérieure. — Église Saint-Laurent (mon. hist.), élégant spécimen du style ogival du xii⁰ s. — Restes d'une maison habitée par Agnès Sorel, au xv⁰ s.

Beaumont-en-Véron, 1,572 h., c. de Chinon.

Beaumont-la-Ronce, 1,134 h., c. de Neuillé-Pont-Pierre. ⭢ Ancien château seigneurial, restauré. — Dolmen dit la Pierre-Levée.

Beaumont-Village, 417 h., c. de Montrésor. ⭢ Ancienne petite chapelle du Chêne, dans les bois.

Benais, 1,259 h., c. de Bourgueil.

Benoît (Saint-), 467 h., c. d'Azay-le-Rideau.

Berthenay, 376 h., c. (Sud) de Tours.

---

¹ On appelle *monuments historiques* les édifices reconnus officiellement comme présentant de l'intérêt au point de vue de l'histoire de l'art, et susceptibles, pour cette raison, d'être subventionnés par l'État.

Château d'Azay-le-Rideau.

Betz, 1,361 h., c. du Grand-Pressigny. ➠➞ Restes d'un château fort. — Dans l'église (xiiᵉ s.), pierre sépulcrale indiquant les noms et qualités des sept plus anciens seigneurs de cette commune. — Étang de Montgénault, dont les eaux ont des propriétés pétrifiantes.

Bléré, 3,675 h., ch.-l. de c. de l'arrond. de Tours, sur la rive gauche du Cher. ➠➞ Pont de 12 arches, en partie du xvᵉ s. — Église des xiᵉ, xiiiᵉ et xvᵉ s.; beau clocher roman. — Chapelle Saint-Jean (xiiᵉ et xvᵉ s.). — Charmante chapelle funéraire de la Renaissance, dite chapelle du Marché. — Château des anciens gouverneurs, aussi de la Renaissance.

Bossay, 1,615 h., c. de Preuilly. ➠➞ Donjon du xiiiᵉ s. — Église du xiᵉ s. — Manoir des xiiᵉ et xvᵉ s. — Château ruiné de Cingé, des xiiᵉ et xiiiᵉ s., situé près d'un petit château de la Renaissance.

Bossée, 577 h., c. de Ligueil.

Boulay (Le), 795 h., c. de Châteaurenault.

Bourgueil, 3,310 h., ch.-l. de c. de l'arrond. de Chinon. ➠➞ Intéressante église du xiiᵉ au xiiiᵉ s. — Restes d'une abbaye de Bénédictins, fondée en 990.

Bournan, 489 h., c. de Ligueil. ➠➞ Église du xiiᵉ s.

Boussay, 720 h., c. de Preuilly. ➠➞ Ancien château entouré de fossés. — Restes présumés d'un camp romain.

Branchs (Saint-), 1,740 h., c. de Montbazon.

Braslou, 456 h., c. de Richelieu. ➠➞ Château ruiné.

Braye-sous-Faye, 404 h., c. de Richelieu. ➠➞ Sous le chœur de l'église (portail du xiᵉ s.), caveau sépulcral des familles de Clérambault et de Richelieu.

Braye-sur-Maulne, 417 h., c. de Château-la-Vallière.

Brèches, 411 h., c. de Château-la-Vallière.

Bréhémont, 1,625 h., c. d'Azay-le-Rideau.

Bridoré, 426 h., c. de Loches. ➠➞ Église du xiiiᵉ s. — Château du xvᵉ s., avec donjon servant d'entrée.

Brizay, 271 h., c. de l'Ile-Bouchard.

Bueil, 551 h., c. de Neuvy-le-Roi. ➠➞ Château ruiné du xivᵉ s. — Dans la sacristie de l'église, statue du xvᵉ s.

Candes, 482 h., c. de Chinon. ➠➞ Église (mon. hist.) de la seconde moitié du xiiᵉ s., avec abside latérale plus ancienne; piliers élancés; voûtes hardies; sculptures curieuses et originales, surtout celles du porche latéral (xiiiᵉ s.), flanqué de deux tours et couronné de mâchicoulis. — Château du xvᵉ s., occupé par la gendarmerie. — Restes des murailles et des douves de l'enceinte.

Cangey, 794 h., c. d'Amboise. ➠➞ Près du moulin du Léez, menhir remarquable.

Catherine-de-Fierbois (Sainte-), 562 h., c. de Sainte-Maure. ➠➞ L'église gothique (mon. hist.), reconstruite par Charles VII et par Louis XI, a remplacé celle où Charles Martel vint, en 732, remercier Dieu de sa victoire sur les Sarrasins, et où Jeanne d'Arc envoya chercher, en 1429, l'épée, connue d'elle, qui devait sauver la France. — Château moderne de Comacre, dans le style du xvᵉ s.

Celle-Guenand (La), 750 h., c. du Grand-Pressigny. ➠➞ Église du xiᵉ s.; coupoles curieuses; cuve baptismale du xiiᵉ s. — Château du xvᵉ s., sous lequel s'étendent des souterrains avec fontaine. — Château ruiné de la Celle-Draon.

Celle-Saint-Avant (La), 679 h., c. de la Haye-Descartes. ➠➞ Église des xiᵉ et xiiᵉ s. — Ancien château de la Tourballière.

Céré, 1,052 h., c. de Bléré. ➠➞ Dolmen à Toucheneau.

Cerelles, 556 h., c. de Neuillé-Pont-Pierre.

Chambon, 672 h., c. de Preuilly. ➠➞ Église de la Renaissance.

Chambourg, 1,046 h., c. de Loches. ➠➞ Église romane. — Restes de constructions romaines.

Chambray, 879 h., c. de Montbazon.

Champigny, 920 h., c. de Richelieu. ➠➞ Il ne reste du magnifique château des ducs de Montpensier, détruit par Richelieu, que la Sainte-Chapelle (mon. hist. du xvi° s.), dont les admirables vitraux représentent la vie de saint Louis.

Chançay, 780 h., c. de Vouvray.

Chanceaux, 262 h., c. de Loches. ⟶ Église du x° s., construite en petit appareil.

Chanceaux-sur-Choisille, 649 h., c. de Vouvray. ⟶ Église du xi° s.

Channay, 1,023 h., c. de Château-la-Vallière.

Chapelle-aux-Naux (La), 487 h., c. d'Azay-le-Rideau.

Chapelle-Blanche (La), 924 h., c. de Ligueil. ⟶ Ancien château de Grillemont, qui appartint à Tristan l'Ermite.— Église romane.

Chapelle-sur-Loire (La), 2,516 h., c. de Bourgueil.

Charentilly, 553 h., c. de Neuillé-Pont-Pierre. ⟶ Ancien château de Poillé.

Chargé, 366 h., c. d'Amboise.

Charnizay, 1,378 h., c. de Preuilly. ⟶ Dolmen, dit la Pierre-Levée, long de 6 mèt. — Ancien château.

Château-la-Vallière, 1,179 h., ch.-l. de c. de l'arrond. de Tours, sur la Fare. ⟶ Menhir de Vaujours, près de l'ancien château du même nom. — Élégant château moderne.

Châteaurenault, 3,831 h., ch.-l. de c. de l'arrond. de Tours, au pied et sur la pente d'un coteau, sur les bords de la Brenne. ⟶ Château en partie du xiv° s. Au sommet d'un coteau qui le domine, donjon du château primitif, tour cylindrique du xi° s.

Chaumussay, 606 h., c. de Preuilly. ⟶ Église en partie du xi° s.

Chaveignes, 573 h., c. de Richelieu.

Chédigny, 853 h., c. de Loches.

Cheillé, 1,273 h., c. d'Azay-le-Rideau. ⟶ Châteaux du xv° s.

Chemillé-sur-Dême, 1,046 h., c. de Neuvy-le-Roi.

Chemillé-sur-Indrois, 500 h., c. de Montrésor. ⟶ Église du xi° s.; chaire du xv° s. — Au Châtellier, camp présumé romain. — Belles ruines de la Chartreuse du Liget, fondée par

Henri II, roi d'Angleterre, en 1175 ; chapelle (mon. hist.) en forme de rotonde, renfermant de belles fresques du xii° s. parfaitement conservées. — Bâtiments remarquables (xii° et xiii° s.) et chapelle de la Courroierie, dépendances de la Chartreuse du Liget.

Chenonceaux, 590 h., c. de Bléré. ⟶ Église du xi° et du xvi° s.; élégante cuve baptismale. — Magnifique château de la Renaissance, élevé en 1515, sur un pont au milieu du lit du Cher, par Thomas Bohier, receveur général des finances en Normandie. Ce château, non terminé à la mort de son fondateur, passa à Diane de Poitiers qui le continua et l'embellit, sous la direction de son architecte, Philibert Delorme. Catherine de Médicis l'agrandit à son tour, en fit son séjour de prédilection et le légua en mourant à Louise de Vaudemont, femme d'Henri III, qui y passa les dernières années de sa vie. Au xviii° s., il fut restauré par Mme Dupin, célèbre par son esprit et par sa liaison avec les plus grands philosophes; de nos jours, il a été encore l'objet de nouvelles restaurations. On y remarque : le vestibule, à voûte ogivale, orné de vieilles armes et de bahuts; la salle à manger (beau plafond à compartiments, portrait de Diane attribué au Primatice, vieux meubles); la chapelle, charmante construction du xvi° s. (six beaux vitraux; voûte élégante; belle tribune; tête du Christ attribuée à Michel-Ange); la chambre à coucher de Louise de Vaudemont; la bibliothèque, ornée d'un remarquable plafond; le salon de Diane de Poitiers; la galerie construite par Catherine de Médicis sur le pont qui réunit le château à la rive gauche du Cher; le parc, etc., etc. Sur les petites terrasses qui forment le couronnement des tourelles élevées sur les piles du pont, point de vue magnifique.

Chezelles, 598 h., c. de l'Ile-Bouchard.

Chinon, 6,301 h., ch.-l. d'arrond., sur le versant et au sommet des collines de la rive droite de la Vienne. ⟶ *Église Saint-Mexme* (mon. hist.), jadis collégiale, et ne servant plus au culte; façade extérieure présentant de curieux restes de sculptures de la première moitié du xi° s.; tour romane avec fresques du xi° s. bien conservées; autre tour du xvi° s., avec peintures de cette époque; à la façade intérieure, restes de sculptures du x° s.; voûtes en berceau du xi° s. — *Église Saint-Maurice*, restaurée de nos jours; charmantes nefs du xii° et du xvi° s.; voûtes du xii° s. avec des clefs historiées; clocher roman, couronné d'une flèche en pierre du xv° s. — *Saint-Étienne* (mon. hist.), beau vaisseau bâti par Charles VII et par Ph. de Comines, nouvellement restauré; portail d'une grande richesse; curieuse chape de Saint-Mexme, d'origine arabe et très-ancienne (x° ou xi° s.); bel autel à retable du temps d'Henri IV; dalle tumulaire du xiv° s. — *Château*, un des plus considérables de la France (mon. hist.), composé de trois châteaux parfaitement distincts; il ne reste plus de celui de Saint-Georges, le moins ancien (xii° s.), que le mur d'enceinte. Celui du Milieu, bâti sur les ruines d'un *castrum* romain, présente des parties des xi°, xii° et xiii° s., mais il a été souvent restauré. On y remarque l'élégant pavillon de l'Horloge; le Grand-Logis (xii° et xv° s.), où mourut Henri II et où Jeanne d'Arc fut présentée à Charles VII. Un donjon cylindrique du xiii° s. sépare le château du Milieu du troisième, dit château du Coudray, qui comprend la tour du Moulin (xiii° s.), la plus haute et la plus élégante de toutes. — *Maisons* en bois ou en pierre des xv° et xvi° s. — Anciennes *carrières*.

Chisseaux, 716 h., c. de Bléré. ⟶ Église du xi° s.

Chouzé-sur-Loire, 2,902 h., c. de Bourgueil. ⟶ Ancien château des Réaux.

Christophe (Saint-), 1,120 h., c. de Neuvy-le-Roi.

Cigogné, 353 h., c. de Bléré. ⟶ Église; curieux portail du xii° s.

Cinais, 471 h., c. de Chinon. ⟶ Restes d'un ancien camp attribué aux Gaulois.

Cinq-Mars-la-Pile, 2,054 h., c. de Langeais. ⟶ Église des x° et xii° s.;

flèche en pierre avec clochetons, du xv° s. — Château ruiné (deux belles tours à créneaux), du xv° s. — Près de la Loire, Pile de Cinq-Mars, sorte de tour romaine ou mérovingienne, haute de 29 mèt. et terminée par 4 pyramidions. La destination de ce monument, unique dans son genre, a été longtemps débattue, et n'est pas encore fixée.

Ciran, 582 h., c. de Ligueil. ⟶ Dans l'église, beau retable en pierre, du xviii° s.

Civray-sur-Cher, 1,160 h., c. de Bléré.

Civray-sur-Esves, 420 h., c. de la Haye-Descartes. ⟶ Château d'Aleth. — Ancien manoir en ruines de la Pierre.

Cléré, 1,259 h., c. de Langeais. ⟶ Église; belle flèche couverte en ardoises, de la fin du xv° s. — Ancien château de la Chétardière.

Continvoir, 882 h., c. de Langeais. ⟶ Restes d'un dolmen. — Jolie église, nouvellement restaurée. — Ancien château des Recordières. — Manoir du Bellay (xv° s.).

Cormery, 1,025 hab., c. de Montbazon. ⟶ Restes d'une abbaye fondée au viii° s.; beau réfectoire du xiii° s. mutilé; magnifique clocher (mon. hist.), à deux étages décorés d'arcades et couronné d'une flèche du xii° s. — Jolie église paroissiale, du xii° s.

Couesmes, 600 h., c. de Château-la-Vallière.

Courçay, 704 h., c. de Bléré. ⟶ Restes d'un aqueduc romain. — Église romane, flèche en pierre du xvi° s. — Magnifiques rochers; dans une excavation, à cinq pieds de profondeur, murs peints à fresque, d'un rouge assez vif.

Courcelles, 639 h., c. de Château-la-Vallière.

Courcoué, 427 h., c. de Richelieu. ⟶ Joli château de la Renaissance.

Couziers, 171 h., c. de Chinon. ⟶ Château du xvi° s.

Cravant, 887 h., c. de l'Ile-Bouchard. ⟶ Église très-curieuse, dont la plus grande partie offre tous les caractères des constructions carlovingiennes. Elle a été acquise par la Société française d'archéologie pour être conservée. — Vieux château de Sonnay.

Crissay, 277 h., c. de l'Ile-Bouchard. »»→ Église du xvie s. —Château ruiné. — Maisons de la Renaissance.

Croix (La), 1,297 h., c. de Bléré.

Crotelles, 436 h., c. de Châteaurenault.

Crouzilles, 655 h., c. de l'Ile-Bouchard. »»→Église intéressante du xiie s. — Restes d'un château. — Chapelle ruinée de Saint-Lazare. — Dolmen composé de sept énormes pierres.

Cussay, 926 h., c. de la Haye-Descartes.

Cyr-sur-Loire (St-), 2,220 h., c. (Nord) de Tours.

Dame-Marie, 426 h., c. de Châteaurenault.

Denis-Hors(Saint-), 1,257 h., c. d'Amboise. »»→ Église du xiie s., remaniée au xve s. et restaurée de nos jours ; jolis chapiteaux historiés; saint-sépulcre du xvie s. — Pagode de Chanteloup, pyramide bâtie de 1775 à 1778 avec les débris du château de la Bourdaisière, par le duc de Choiseul, lorsqu'il fut exilé en 1770.

Dierre, 566 h., c. de Bléré. »»→ Église des xiie et xve s.; clocher octogonal avec flèche en pierre.

Dolus, 820 h., c. de Loches.

Draché, 634 h., c. de la Haye-Descartes. »»→ 2 menhirs : la Pierre Percée et la Pierre des Érables.

Druye, 559 h., c. de Montbazon.

Épain (Saint-), 2,020 hab., c. de Sainte-Maure.»»→ Curieuse église des xiie et xvie s. — Ancien château de Montgoger.

Épeigné-les-Bois, 697 h., c. de Bléré.

Épeigné-sur-Dême, 411 h., c. de Neuvy-le-Roi.

Essards (Les), 240 h., c. de Langeais. »»→Église intéressante du xie s.

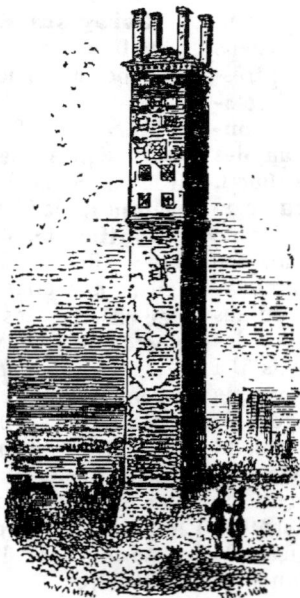

Pile de Cinq-Mars.

Esves-le-Moutier, 527 h., c. d Ligueil. »»→ Église des ixe et xie s.; stalles du xve, beau retable du xviie. — Deux tourelles, restes d'un monastère.

Esvres, 1,867 h., c. de Montbazon. »»→ Beaux rochers.

Étienne-de-Chigny (Saint-),935 h., c. (Nord) de Tours.»»→Église du xvie s.; baptistère et vitraux remarquables.

Faye-la-Vineuse, 719 h., c. de Richelieu. »»→ Église Saint-Georges, reste d'une collégiale fondée au xie s.; la plus grande partie de l'édifice est du xiie s.; chapelle du xiiie s.; jolies voûtes; chaire du xvie s. très-belle crypte, à trois nefs, reproduisant le plan de l'église supérieure ; autre crypte, ancien lieu de sépulture des chanoines.

Ferrière (La),384 h., c. de Neuvy-le-Roi. »»→ Beau château.

Ferrière-Larçon, 916 h., c. du Grand-Pressigny. »»→ Église : nef romane; chœur du xive s.

Ferrière-sur-Beaulieu, 286 h., c. de Loches. »»→ Monuments mégalithiques. — Église en partie du xie s., en partie du style Plantagenet. — Au cimetière, tombe fort curieuse que l'on croit être du xiie s.

Flovier (St-), 1,516 h., c. du Grand-Pressigny. »»→ Manoir ruiné du xve siècle.

Fondettes, 2,276 h., c. (Nord) de Tours. »»→Église romane ; portail intéressant.

Francueil, 1,207 h., c. de Bléré. »»→ Église des xie, xve et xvie s.; chœur élégant.—Petit manoir des Couldrais, autrefois rendez-vous de chasse de François Ier et d'Henri II.

Genillé, 2,242 h., c. de Montrésor. »»→ Église du xie s. et de la Renaissance; magnifique bénitier d'albâtre, de style italien (1400); retable, chef-d'œuvre de la sculpture du xviii° s.

⚓ **Genouph** (**Saint-**), 363 h., c. (Sud) de Tours.

Germain - sur - Vienne (**Saint-**), 619 h., c. de Chinon.

Gizeux, 827 h., c. de Langeais. ⟶ Église : trois beaux monuments funéraires, en marbre blanc, du xvii° s. — Château du xii° s.

Grand - Pressigny (**Le**), 1,702 h., ch.-l. de c. de l'arr. de Loches, situé partie dans la vallée de la Vienne et partie sur le penchant d'une colline escarpée. ⟶ Église en partie du xii° s.; sacristie ornée de peintures du xv° s.; — Beau donjon roman à contre-forts (xii° s.). — Joli manoir de la Renaissance, près duquel s'élèvent une tourelle d'escalier polygonale et une colonnade circulaire avec dôme, abritant un puits. — Ruines du château d'Étableaux, en partie du xii° s.

Guerche (**La**), 464 h., c. du Grand-Pressigny. ⟶ Église du xi° s. — Sur les bords de la Creuse, beau château des princes de Croy, construit par Char-

Ruines de l'église Saint-Léonard, à l'Ile-Bouchard.

les VII. On y remarque six rangs de voûtes les unes au-dessus des autres.

Haye - Descartes (**La**), 1,735 h., ch.-l. de c. de l'arrond. de Loches, sur la rive droite de la Creuse. ⟶ Église paroissiale, des xi° et xii° s., restaurée. — Église Notre-Dame, ne servant plus au culte (xii° s.). — Maison de Descartes, né en 1596 ; statue en bronze du philosophe.

Hermites (**Les**), 876 h., c. de Châteaurenault.

Hippolyte (**Saint-**), 977 h., c. de Loches. ⟶ Église du xi° s.

Hommes, 909 h., c. de Château-la-Vallière.

Huismes, 1,674 h., c. de Chinon. ⟶ Église de la fin du xii° s. — Châteaux de Tours, transformé en métairie, et de la Ville-au-Maire (xv° s.), restauré de nos jours. — Ruines du château de Bonnaventure, bâti par Charles VII, et de la Chancellerie, délicieuse construction du xvi° s. — Curieux cimetière franc.

Ile-Bouchard(**L'**), 1,595 h., ch.-l. de c. de l'arrond. de Chinon, sur la Vienne, qui la divise en deux quartiers, Saint-Gilles et Saint-Maurice. ⟶ A Saint-Gilles, *église* du xiᵉ et du xviᵉ s. — Église Saint-Maurice, en grande partie du xviᵉ s.; clocher et belle flèche en pierre de cette époque.—Ruines du prieuré de Saint-Léonard; église du xiiᵉ s.; magnifiques chapiteaux à sujets. — Église des Cordeliers, du xiiᵉ s., devenue propriété particulière; sur l'un des murs, curieux bas-relief. — Entre l'Ile-Bouchard et Crouzille, dolmen bien conservé, l'un des plus remarquables de la France.

Ingrandes, 662 h., c. de Langeais.

Jaulnay, 369 h., c. de Richelieu.

Jean-Saint-Germain (**Saint-**), 721 h., c. de Loches.

Joué-lès-Tours, 2,502 h., c. (Sud) de Tours.

Langeais, 3,463 h., ch.-l. de c. de l'arrond. de Chinon, sur la rive droite de la Loire. ⟶ Église (mon. hist.)

Château de Langeais.

des ixᵉ et xiiᵉ s., souvent restaurée; clocher roman, surmonté d'une belle flèche en pierre du xvᵉ s.; crypte et anciennes fresques. — Château (mon. hist.) des xiiiᵉ et xvᵉ s.; belle façade de la cour intérieure, grands appartements, avec collection d'objets anciens et curieux, très-belles cheminées. Dans la chapelle, qui est moderne, très-beau triptyque et bon tableau de l'école allemande. — Précieuses ruines du plus ancien donjon de la France, bâti par Foulques Nerra, vers 992.

Larçay, 480 h., c. (Sud) de Tours. ⟶ Restes importants d'un *castellum* gallo-romain, bâti sur des tronçons de colonnes antiques; les murs, encore élevés de 6 mèt., sont flanqués de dix tours; la longueur du monument est de 75 mèt. — Dans la forêt, obélisque commémoratif, sur le lieu où Paul-Louis Courier périt assassiné.

Laurent-de-Lin (**Saint-**), 369 h., c. de Château-la-Vallière. ➤ Église des XIe et XVe s.

Laurent-en-Gâtine (**Saint-**), 801 h., c. de Châteaurenault. ➤ Curieuse construction du XVe s., dite la Grand'Maison, convertie en église.

Léméré, 603 h., c. de Richelieu.

Lerné, 593 h., c. de Chinon. ➤ Beau château de Chavigny, bâti en 1636.

Liége (**Le**), 399 h., c. de Montrésor. ➤ Ancien château. — Église ; jolies stalles du XVe s., provenant du Liget. — A 2 kil., dolmen de Hys.

Lignières, 1,027 h., c. d'Azay-le-Rideau. ➤ Église des XIIe, XIIIe et XVe s.; restes de fresques du XIIe s.

Ligré, 1,066 h., c. de Richelieu. ➤ Dolmen.

Ligueil, 2,142 h., ch.-l. de c. de l'arrond. de Loches. ➤ Église des XIe, XIVe et XVe s.

Limeray, 1,089 h., c. d'Amboise.

Loché, 1,146 h., c. de Montrésor. ➤ Ruines de l'abbaye de Beaugerais, fondée en 1153.

Loches, 5,085 h., ch.-l. d'arrond., ville agréablement située sur la rive gauche de l'Indre. ➤ *Église paroissiale*, ancienne collégiale de Saint-Ours, monument d'une sauvage et étrange beauté. Elle est précédée d'un porche du XIIe s. et surmontée d'un clocher massif dont la flèche en pierre date également du XIIe s. La nef est couverte de deux pyramides en pierre, obscures à leur sommet et formant toiture à l'extérieur. Elles furent construites en 1168, par Thomas Pactins, prieur du chapitre, et leur aspect, à l'intérieur, dit Viollet-le-Duc, cause un sentiment de terreur indéfinissable. Une autre pyramide, entourée de quatre clochetons, couronne la tour centrale. — Vaste *château royal* (mon. hist.) ; donjon du XIe s., à contre-forts arrondis et flanqué d'une autre tour, qui renfermait une petite chapelle où l'on voit encore quelques fresques. Ce beau monument féodal servit de prison d'État sous Charles VII. Louis XI fit construire un second donjon, appelé la Tour-Neuve, qui servit aussi de prison.

Il renferme de vastes salles et, dans les fondations, une salle circulaire, mal aérée et où se trouvaient les fameuses cages du cardinal La Balue, qui lui-même en fit le premier l'essai. Mais les vrais cachots de Loches occupent le soubassement d'un troisième donjon, commencé également par Louis XI et dont il ne reste plus rien au-dessus du sol. — La *sous-préfecture*, renfermée dans le château, occupe l'ancien palais de Charles VII, dans lequel on remarque la tour d'Agnès Sorel, qui renferme aujourd'hui son tombeau surmonté d'une statue du XVe s. — *Hôtel de ville* (mon. hist.), joli édifice de la Renaissance, construit de 1535 à 1543. — Belle *porte* féodale du XVe au XVIe s. — *Chancellerie* (1551), ornée d'un groupe mythologique. — *Tour Saint-Antoine* (mon. hist.), bâtie en 1530, ancien clocher. — *Hôtel Nau*, du temps d'Henri II (belles cheminées ; tapisseries du XVIe s.). — Jolie *maison* de la Renaissance. — *Maisons* des XVe et XVIe s., en pierre et en bois. — *Chapelle de Vignemont* (fin du XIIe s.), où se voient des traces de fresques du XIIIe s.

Louans, 619 h., c. de Ligueil. ➤ Église du Xe et du XIe s.; curieuses sculptures. Du prieuré joint à cette église, il reste une construction fortifiée du XVIe s.

Louestault, 328 h., c. de Neuvy-le-Roi. ➤ Château de Fontenailles, ancienne habitation de Charles VII et d'Agnès Sorel.

Louroux (**Le**), 630 h., c. de Ligueil. ➤ Église du XIe s. — Au cimetière, croix sculptée du XVe s.

Luble, 252 h., c. de Château-la-Vallière.

Lussault, 508 h., c. d'Amboise.

Luynes, 1,970 hab., c. (Nord) de Tours. ➤ Château du XVe s., considérablement modifié au XVIIe s.; dans la cour, élégante tourelle à pans coupés du XVe s.; tour de la façade qui regarde la Loire, du XVe et du XVIe s.; tours de la terrasse, belle vue. A l'E. du château, grande chapelle, à charpente sculptée, du XVe s. — Hôpital de la Renaissance ; maison en bois de la même époque. — Maisons creusées dans le roc. — Camp de Saint-Venant, sur lequel fut bâti, au moyen âge, un prieuré dont il reste une partie de la chapelle. — Aqueduc gallo-romain (mon. hist.), dont quarante piles et six arcades sont encore debout.

Luzé, 474 h., c. de Richelieu.

Luzillé, 1,571 h., c. de Bléré.

Maillé, 525 h., c. de Sainte-Maure.

Manthelan, 1,245 h., c. de Ligueil. ⟫⟶ Église romane.

Marçay, 624 h., c. de Richelieu. ⟫⟶ Aux environs, dolmen, grand menhir et autres monuments mégalithiques.

Marcé-sur-Esves, 502 h., c. de la Haye-Descartes. ⟫⟶Tumulus.—Demi-dolmen; autres pierres mégalithiques.

Marcilly-sur-Maulne, 573 h., c. de Château-la-Vallière. ⟫⟶ Ancien château gothique.—Près de la ferme de la Besnardière, monument mégalithique, nommé Pierre-Levée.

Marcilly-sur-Vienne, 423 h., c. de Sainte-Maure. ⟫⟶ Église du XVIᵉ s.

Donjon de Montbazon.

Marigny-Marmande, 890 h., c. de Richelieu. ⟫⟶ Tour de Marmande, du XVᵉ s. — Ancien manoir des Menars.

Marray, 666 h., c. de Neuvy-le-Roi.

Martin-le-Beau (Saint-), 1,331 h., c. d'Amboise. ⟫⟶ Église des XIIᵉ et XVᵉ s.; beau portail roman.

Maure (Sainte-), 2,318 h., ch.-l. de c. de l'arrond. de Chinon, sur la Manse. ⟫⟶Dans l'enceinte du château (XVᵉ s.), église du XIIᵉ s., agrandie de nos jours; dans la crypte, tombeaux de plusieurs princes de Rohan-Guéméné. — Beau dolmen.

Mazières, 917 h., c. de Langeais. ⟫⟶ Ancien château.

Membrolle (La), 801 h., c. (Nord) de Tours.

Mettray, 1,615 h., c. (Nord) de Tours. ⟫⟶ Colonie agricole et pénitentiaire. — Dolmen (V. Saint-Antoine-du-Rocher).

Michel-sur-Loire (Saint-), 717 h., c. de Langeais. ⟶ Petite église des xᵉ et xııᵉ s.

Monnaie, 1,680 h., c. de Vouvray. ⟶ Église du xvᵉ s.; belle verrière de la même époque.

Montbazon, 1,179 h., ch.-l. de c. de l'arrond. de Tours, sur l'Indre. ⟶ Château ruiné, fondé par Foulques Nerra ; donjon rectangulaire à contre-forts, qui remonte au xıᵉ s. — Tombelle.

Monthodon, 748 h., c. de Châteaurenault.

Montlouis, 2,175 h., c. (Sud) de Tours.

Montrésor, 684 h., ch.-l. de c. de l'arrond. de Loches, sur la rive gauche de l'Indroye. ⟶ Au sommet d'un massif de rochers isolés, château des xıᵉ et xvıᵉ s., restauré de nos jours. Il est entouré d'une double muraille d'enceinte flanquée de tours. A l'intérieur, collection d'objets précieux ayant appartenu aux rois de Pologne ; vase d'argent offert par la ville de Vienne à Jean Sobieski. — Église (mon. hist.), ancienne collégiale, édifice très-remarquable de la Renaissance ; belles stalles du xvıᵉ s. ; bons tableaux ; restes du magnifique tombeau (xvıᵉ s.) des Bastarnai, fondateurs de l'église et du château.

Montreuil, 493 h., c. d'Amboise.

Monts, 1,652 h., c. de Montbazon. ⟶ Sur l'Indre, magnifique viaduc du chemin de fer de Bordeaux (59 arches ; longueur totale, 751 mèt. ; hauteur, 21 mèt.). — Château de Candé (1508), sous lequel s'étendent de vastes souterrains voûtés. — Château ruiné de la Fresnaye.

Morand, 347 h., c. de Châteaurenault.

Mosnes, 1,027 h., c. d'Amboise.

Mouzay, 482 h., c. de Ligueil.

Nazelles, 1,129 h., c. d'Amboise.

Négron, 222 h., c. d'Amboise. ⟶ Presbytère, remarquable spécimen des constructions civiles au xııᵉ s.

Neuil, 446 h., c. de Sainte-Maure. ⟶ Dolmens renversés.

Neuillé-le-Lierre, 519 h., c. de Vouvray.

Neuillé-Pont-Pierre, 1,418 h., ch.-l. de c. de l'arr. de Tours. ⟶ Dolmen, près de la ferme de Marcilly.

Neuilly-le-Brignon, 679 h., c. de la Haye-Descartes.

Neuville, 247 h., c. de Châteaurenault.

Neuvy-le-Roi, 1,387 h., ch.-l. de c. de l'arrond. de Tours.

Nicolas-de-Bourgueil (Saint-), 1,790 h., c. de Bourgueil.

Nicolas-des-Motets (Saint-), 294 h., c. de Châteaurenault.

Noizay, 1,131 h., c. de Vouvray. ⟶ Ancien château.

Notre-Dame-d'Oë, 501 h., c. de Vouvray. ⟶ Grange dîmeresse de Meslay (élégant portail), construite au xıııᵉ s., par les moines de Marmoutier, dans des proportions monumentales.

Nouans, 1,313 h., c. de Montrésor. ⟶ Église intéressante du xıııᵉ s.; grand Christ byzantin.

Nouâtre, 439 h., c. de Sainte-Maure. ⟶ Église du xvıᵉ s.; curieuses peintures et précieux retable-triptyque du xvᵉ s., orné de cinq bas-reliefs en albâtre. — Grand tumulus.

Nouzilly, 902 h., c. de Châteaurenault. ⟶ Beau château moderne.

Noyant, 562 h., c. de Sainte-Maure. ⟶ Église du xıᵉ s. — Château de Brou (xvᵉ s.).—Grand dolmen de la Hacherie.

Orbigny, 1,290 h., c. de Montrésor.

Ouen (Saint-), 753 h., c. d'Amboise. ⟶ Ancien château.

Panzoult, 786 h., c. de l'Ile-Bouchard. ⟶ Église des xıᵉ, xııᵉ et xvᵉ s.; nombreuses statuettes. — Cinq ou six castels féodaux, dont le principal est celui de Coulaines. — Grotte taillée dans le roc et nommée Sibylle de Panzoult ; parois en partie couvertes d'anciennes peintures grotesques.

Parçay-Meslay, 592 h., c. de Vouvray.

Parçay-sur-Vienne, 752 h., c. de l'Ile-Bouchard. ⟶ Église ; portail très-curieux du xııᵉ s. — Près du château de la Brèche, débris d'un dolmen.

Paterne (Saint-), 1,800 h., c. de Neuvy-le-Roi. ⟶ A l'église, beau groupe en terre cuite du XVIᵉ s. — Ancien château de la Roche-Racan, nouvellement restauré ; remarquable tour octogonale, d'où la vue domine au loin une superbe vallée. — Ruines de l'abbaye de la Clarté-Dieu.

Patrice (Saint-), 1,210 h., c. de Langeais. ⟶ Château de Rochecotte, qui a donné son nom à un célèbre chef de chouans ; riche collection d'œuvres de peintres hollandais du XVIIᵉ s.; chapelle moderne renfermant une très-belle copie de la Madone Sixtine.

Paulmy, 619 h., c. du Grand-Pressigny. ⟶ Belles ruines du château du Châtellier, que domine un donjon cylindrique du XIVᵉ s., haut de 30 mèt.

Pernay, 622 h., c. de Neuillé-Pont-Pierre.

Perrusson, 758 h., c. de Loches. ⟶ Petite église du IXᵉ ou du Xᵉ s. — Deux anciens châteaux ruinés.

Petit-Pressigny (Le), 901 h., c. du Grand-Pressigny. ⟶ Ancien château des Bordes.

Pierre-de-Tournon (Saint-), 811 h., c. de Preuilly. ⟶ Église du XVᵉ s.

Pierre-des-Corps (Saint-), 1,597 h., c. (Sud) de Tours.

Pocé, 1,264 h., c. d'Amboise. ⟶ Beau château du XVᵉ s.

Pont-de-Ruan, 310 h., c. de Montbazon. ⟶ Église en partie carlovingienne, en partie du XIIIᵉ s. — Ancien château de Valonne. — Ruines de l'abbaye de Relay.

Ports, 432 h., c. de Sainte-Maure.

Pouzay, 498 h., c. de Sainte-Maure. ⟶ Église du XIIᵉ s. — Débris d'un grand dolmen.

Preuilly, 2,008 h., ch.-l. de c. de l'arrond. de Loches, sur la Claise. ⟶ Très-belle église romane (mon. hist.); à l'extérieur, riche arcature au-dessus des fenêtres ; à l'intérieur, nombreux chapiteaux historiés ; cloche de 1542; salle capitulaire du XIIIᵉ s. — Église Saint-Nicolas (XIᵉ s.), transformée en grange ; beau portail à chapiteaux historiés. — Église Sainte-Marie-des-Échelles (1217), servant de magasin. — Parmi les ruines du château (XVᵉ s.), restes de l'église Saint-Melaine (style angevin du XIIᵉs.).—Chapelle du cimetière (XVᵉs.).

Pussigny, 322 h., c. de Sainte-Maure.

Quentin (Saint-), 702 h., c. de Loches. ⟶ Grosse tour qu'habita, dit-on, Agnès Sorel. — Au hameau de Maillé, dolmen dit la Pierre-Levée. — Ruines du prieuré de Brennesay (XIᵉ, XIVᵉ et XVᵉ s.), près duquel, au milieu d'une vigne, se trouve une curieuse cave du XIIᵉ s., en forme de croix.

Radégonde (Ste-), 544 h., c. (Nord) de Tours. ⟶ Église romane. — Grotte carlovingienne.— Ruines de l'ancienne abbaye de Marmoutier, fondée par saint Martin, et l'une des plus puissantes de la France. Elle a été reconstruite à plusieurs époques. Il en reste un donjon ruiné (XIᵉ s.), la majeure partie de l'immense mur d'enceinte (XIIIᵉ s.), et le portail de Crosse (même époque), percé dans un curieux bâtiment qui fait partie d'un beau pensionnat moderne.

Razines, 325 h., c. de Richelieu.

Règle (Saint-), 310 h., c. d'Amboise.

Reignac, 763 hab., c. de Loches. ⟶ Église en partie carlovingienne. — Dolmen parfaitement conservé.

Restigné, 1,969 h., c. de Bourgueil.

Reugny, 1,227 h., c. de Vouvray. ⟶ Église des XIIᵉ et XVᵉ s. — Pavillon (XVᵉ s.) du château de la Vallière. — Château de la Côte, charmante construction de la Renaissance.

Riche (La), 1,829 h., c. (Sud) de Tours. ⟶ Ancien couvent de Sainte-Anne, transformé en manufacture. — Ancien couvent de Saint-Côme, où se retira et mourut l'hérésiarque Béranger, en 1088.

Richelieu, 2,418 h., ch.-l. de c. de l'arrond. de Chinon, fondé sur plan régulier par le cardinal de Richelieu. ⟶ Il ne reste du magnifique château construit par le cardinal qu'une partie des bâtiments latéraux, restaurés. — Église (XVIIᵉ s.) de style italien.

Rigny-Ussé, 1,209 h., c. d'Azay-le-Rideau. ⟶ Église du XIᵉ s. — Église moderne, style du XIIIᵉ s. — Fontaine intermittente et caves gouttières (curieuses pétrifications). — Château d'Ussé (mon. hist.), reconstruit au XVᵉ et au xvi⁰ s.; donjon cylindrique du xv⁰ s.; groupes hardis de tours, de tourelles, de pavillons de toutes formes, reliés par une simple galerie ; à l'intérieur, bel escalier en pierre, orné d'un tableau de Saint-Jean attribué à Michel-Ange ; élégante chapelle de la Renaissance dont la porte est surmontée d'un bas-relief représentant les Apôtres (xvi⁰ s.); vastes salles avec de larges cheminées, etc. Pavillon avec belles terrasses, construit par Vauban.

Rillé, 708 h., c. de Château-la-Vallière. ➤➤➤ Trois monuments mégalithiques nommés les Trois-Chiens.

Rilly, 612 h., c. de l'Ile-Bouchard.

Rivarennes, 881 h., c. d'Azay.

Rivière, 331 h., c. de l'Ile-Bouchard. ➤➤➤ Église (mon. hist.) du xi⁰ s.; chœur remarquable recouvrant une crypte de la même époque ; restes de peintures fort curieuses, nouvellement restaurées.

Roch (Saint-), 237 h., c. de Neuillé-Pont-Pierre.

Roche-Clermault (La), 582 h., c.

Palais de justice de Tours.

de Chinon. ➤➤➤ Église du xii⁰ s., avec flèche en pierre du xvi⁰ s.

Rochecorbon, 1,539 h., c. de Vouvray. ➤➤➤ Sur les ruines d'un château du xii⁰ s., singulière tourelle d'observation (xiv⁰ s.) de forme carrée et très-élancée, couronnée par des mâchicoulis et appelée Lanterne de Rochecorbon. — A Saint-Georges, église du xii⁰ s.

Rouziers, 657 h., c. de Neuillé-Pont-Pierre.

Saché, 751 h., c. d'Azay-le-Rideau.

➤➤➤ Dans l'église, tombeau de Marguerite de Rouxelle, morte en 1628. — Château ruiné. — Château de Valesne.

Saunay, 515 h., c. de Châteaurenault.

Savigné, 915 h., c. de Château-la-Vallière. ➤➤➤ Église du xvi⁰ s.

Savigny, 1,599 h., c. de Chinon. ➤➤➤ La Herpinière, maison de plaisance de Charles VII ; dans une des chambres, portrait de la reine, son épouse, peinture à fresque fort curieuse.

Savonnières, 1,284 h., c. (Sud) de Tours. ⟫⟶ Belle église du xii° s. — *Caves gouttières* à travers les voûtes desquelles filtrent incessamment des gouttes d'une eau chargée de sels calcaires dont les dépôts forment des cristallisations remarquables.

Sazilly, 371 h., c. de l'Ile-Bou-

Cathédrale de Tours

chard. ⟫⟶ Ancien château.

Semblançay, 1,105 h., c. de Neuillé-Pont-Pierre. ⟫⟶ Ruines d'un château bâti par Foulques Nerra; donjon du xiii° s.

Sennevières, 393 h., c. de Loches. ⟫⟶ Église du xi° s.

Senoch (Saint-), 627 h., c. de Ligueil.

Sepmes, 819 h., c. de la Haye-Descartes.➤➤➤➤Église du XIIIᵉ s.—Bâtiment prieural de la Renaissance. — Château ruiné. — Château de la Rocheploquin, sur la rive droite de la Manse.

Seuilly, 466 h., c. de Chinon.➤➤➤➤Terre de la Deinière ou Devinière, où est né Rabelais. — Château, bien conservé (XVᵉ s.), du Coudray-Montpensier.

Sonzay, 1,553 h., c. de Neuillé-Pont-Pierre.➤➤➤➤Château de la Motte-Sonzay, construit par Henri II. — Belle église du XIIᵉ s.

Sorigny, 1,226 h., c. de Montbazon. ➤➤➤ Château de Taix, construit vers le milieu du XVIᵉ s. — Clocher du XIᵉ s.

Souvigné, 764 h., c. de Château-la-Vallière. ➤➤➤ Église romane et de la Renaissance; quatre belles verrières du XVIᵉ s.

Souvigny, 696 h., c. d'Amboise.

Sublaines, 304 h., c. de Bléré. ➤➤➤ Église romane; grande cuve baptismale du XIᵉ s. — Danges de Sublaines, deux monticules, que, suivant la tradition, Clovis et Alaric II firent élever pour marquer les limites de leurs états. — Dolmen. — Ruines de la ville de Montafilant.

Symphorien (Saint-), 3,159 h., c. (Nord) de Tours. ➤➤➤ Église rebâtie au XVIᵉ s., sauf l'abside et le clocher (XIIᵉ s.); beau portail de la Renaissance (1531).

Tauxigny, 1,248 h., c. de Loches.

Tavant, 252 h., c. de l'Ile-Bouchard. ➤➤➤ Église romane; jolie façade; intéressante crypte avec peinture du XIIᵉ s.

Theneuil, 279 h., c. de l'Ile-Bouchard.

Thilouze, 936 h., c. d'Azay-le-Rideau.

Thizay, 300 h., c. de Chinon. ➤➤➤ Dolmen, dit Pierre-Couverte.

Tour-Saint-Gelin (La), 929 h., c. de Richelieu.

Tours, 48,325 h., ch.-l. du départ., situé dans une magnifique plaine, sur la rive gauche de la Loire, entre le fleuve et le Cher, à 55 mèt. d'altit. La Loire y est traversée par deux ponts suspendus et un très-beau *pont* de pierre de 15 arches, long de 450 mèt., construit de 1765 à 1777. A l'extrémité de ce pont, du côté de la ville, s'étend une place ornée des *statues* de Descartes et de Rabelais, et des belles façades (XVIIIᵉ s.) de l'hôtel de ville et du Musée. Entre ces deux façades fut percée, en 1776, la *rue Royale*, la principale de la ville, dirigée selon l'axe du pont de pierre, et prolongée jusqu'au Cher par l'*avenue de Grandmont*. Au croisement de la rue Royale et des boulevards extérieurs sont bâtis le palais de justice et la bibliothèque.➤➤➤ *Cathédrale Saint-Gatien* (mon. hist.), somptueux édifice gothique, commencé en 1170, continué pendant plus de trois siècles et demi, jusqu'en 1547. Façade richement sculptée mais privée des innombrables statues qui la décoraient autrefois; ses trois portails sont surmontés, au centre, d'une large fenêtre à meneaux, et, sur les côtés, de deux tours de 66 et 68 mèt., dont l'une renferme un escalier à jour, dit escalier royal, d'une hardiesse extraordinaire. Le chœur, terminé en 1267, est la partie la plus ancienne de l'édifice. A l'intérieur, on remarque une des plus belles collections de verrières qui subsistent; quinze d'entre les principales remontent au XIIIᵉ s. et offrent des scènes historiques ou légendaires. La

Maison dite de Tristan, à Tours.

chapelle de la Vierge a été peinte en 1875 par M. Lameire. Dans une chapelle du transsept se voient les restes d'une peinture du xive s., d'un tombeau de la même époque, et le mausolée des fils de Charles VIII (morts tous deux avant leur père), exécuté en 1506, dans le style de la Renaissance, par le célèbre Jean Juste. — A droite de Saint-Gatien, *palais archiépiscopal*, des xve, xviie et xviiie s., renfermant deux chapelles, l'une du xiie s., convertie en office, l'autre du xive s., avec tribune du xvie.

—A gauche de la cathédrale, charmant *cloître* du xvie s., de style ogival, avec un élégant escalier de la Renaissance. — *Église Saint-Julien* (mon. hist.) du xiiie s.; tour du xie s.; deux absides jumelles du xvie s., faisant saillie sur le chevet du chœur; restes de peintures du xie s.; peintures et vitraux modernes; belle *salle capitulaire* du xiie s., reste de l'ancienne abbaye de Saint-Julien. — *Notre-Dame-la-Riche*, du xvie s., somptueusement restaurée et en partie reconstruite de nos jours; deux

Hôtel Gouin, à Tours.

vitraux attribués à Robert Pinaigrier.— *Saint-Saturnin* (xve s.); autel, statues, et beaux vitraux modernes.—*Église des Minimes* (1627), servant de chapelle au lycée; belles boiseries du xviie s. — *Saint-François-de-Paule* (xviie s.), autrefois aux Jésuites. — De la célèbre *abbaye de Saint-Martin*, il ne reste que deux belles tours du xiie s. et un charmant petit cloître de la Renaissance (1508-1519); dans les restes de l'ancienne

crypte ont été recueillies quelques reliques du grand apôtre des Gaules, qui attirent un nombre considérable de pèlerins et sur lesquelles on se prépare à édifier une nouvelle basilique.— Jolies *chapelles* modernes *du petit séminaire, des Lazaristes, des Sœurs de la Présentation*, etc. — *Chapelle Saint-Libert* (xiie s.). — Nombreuses et intéressantes *églises* ou *chapelles supprimées*, des xie, xiie, xive et xve s.; la plus belle, *Saint-Clément* (mon. hist.), qui sert de magasin à blé, renferme une tribune délicatement sculptée, de la Renaissance. — *Hôtel de ville* (1777-1786), avec sculptures. — *Préfecture*, ancien couvent de religieuses, reconstruit depuis la Révolution. — *Palais de justice*, orné de colonnes doriques. — *Palais du Commerce* (xviii° s.). — *Caisse d'épargne*, élégant édifice moderne. — *Hospice général* (xvii° et xix° s.), pouvant contenir 1,200 malades. — *Lycée*, reconstruit depuis 1850. — Belle *halle* en fer. — Riche *musée :* tableaux de Boucher, Louis Carrache, Ant. Coypel, Jouvenet, Lépicié, Lesueur, Mantegna ; faïences d'Avisseau ; collections d'histoire naturelle ; importantes antiquités romaines et du moyen âge. — *Bibliothèque* de 50,000 vol. — Restes de *l'enceinte gallo-romaine*. — Deux *tours*, restes, l'une (xiv° s.) des remparts de la cité de Tours, l'autre (xii° s.) de Châteauneuf, bourg alors séparé du

Tour de Charlemagne, à Tours.

reste de la ville et qui s'était formé autour de l'abbaye de Saint-Martin. — *Fontaine de Beaune*, exécutée en 1510 par Bastien François, d'après les dessins de Michel Colomb. — *Hôtel Gouin*, maison dite de Tristan l'Ermite, des xv° et xvi° s.; autres *maisons*, nombreuses et remarquables, des xii°, xiii°, xv° et xvi° s. — En dehors de la ville, *ferme de la Rabaterie*, qu'habita Olivier le Daim, favori de Louis XI;

et, parmi les bâtiments d'un beau château moderne, restes du célèbre *château de Plessis-lès-Tours*, que bâtit et où mourut Louis XI.

Trogues, 562 h., c. de l'Ile-Bouchard.

Truyes, 626 h., c. de Montbazon.
➡➡➡ Église romane; beau clocher à cinq étages.

Ussé, *V.* **Rigny.**

Vallères, 740 h., c. d'Azay-le-Ri-

Château d'Ussé.

deau. ➤Église des xie et xiiie s.;restes de peintures.—Menhir de la Pierre-aux-Joncs (4 mèt. de haut.).

Varennes, 375 h., c. de Ligueil. ➤ Église des xe et xie s.; deux bénitiers du xve s.

Veigné, 1,621 h., c. de Montbazon. ➤ Église romane avec flèche du xve s. — Château de Couzières (xvie s.).

Véretz, 869 h., c. (Sud) de Tours. ➤ Église de la Renaissance. — Château ruiné (xvie s.). — Élégant château moderne. — Monument élevé, en 1879, à Paul-Louis Courrier.

Verneuil-le-Château, 215 h., c. de ichelieu.

Verneuil-sur-Indre, 800 h., c. de Loches. ➤ Beau château du xviiie s., ayant conservé en partie une chapelle du xive s.

Vernou, 1,873 h., c. de Vouvray. ➤ Église (mon. hist.) des xiie et xve s.; joli portail; tout près, orme planté, dit-on, par Sully. — Restes d'un monument de destination inconnue, peut-être une basilique du vi^e s. — Châteaux de Jallanges (xvie s.) et de Madères.

Villaines, 1,108 h., c. d'Azay-le-Rideau.

Villandry, 926 h., c. (Sud) de Tours, appelé, avant le xviie s., Colombiers. ➤ Église des xe et xiie s. — Château du xvie s., bâti sur l'emplacement du château de Colombiers, où Philippe Auguste et Henri II, roi d'Angleterre, signèrent la paix en 1189 ; grosse tour carrée du xive s. (vue magnifique). Les terrasses et embellissements modernes datent du xviiie s.; très-beau parc.

Ville-aux-Dames (La), 515 h., c. (Nord) de Tours. ➤ Chapelle de l'ancienne abbaye de Saint-Loup. — Église du xve s.

Villebourg, 489 h., c. de Neuvy-le-Roi.

Villedômain, 334 h., c. de Montrésor.

Villedômer, 996 h., c. de Château-renault.

Villeloin-Coulangé, 960 h., c. de Montrésor. ➤ Église des xe et xiie s. Dans le jardin du presbytère, statues du xve s. — Bâtiments du xve au xvie s. et jolie tourelle de la Renaissance, restes d'une abbaye. — Tumulus.—A Coulangé, église du xie s., abandonnée.

Villeperdue, 490 h., c. de Montbazon.

Villiers-au-Bouin, 749 h., c. de Château-la-Vallière.

Vou, 479 h., c. de Ligueil.

Vouvray, 2,227 h., ch.-l. de c. de l'arrond. de Tours, au confluent de la Cisse et de la Loire. ➤ Clocher du xve s.

Yzeures, 1,857 h., c. de Preuilly. ➤ Église du xie au xiie s.; chapiteaux historiés. — Pittoresques bâtiments ruinés du xiie s., restes du prieuré de Terrives. — Château d'Harembure. — Dolmen.

Typographie A. Lahure, rue de Flourus, 9, à Paris.

Ecommoy

Pontvallain   Mayet

Montoire   VENDÔME

Château du Loir   Selommes

La Chartre
sur le Loir   St Amand

Aubigné   Herbault

Le Lude   BLOIS

Noyant   Château-la-Vallière   Neuvy

                                      Montrichard

Nantes   St Aignan

Langeais Lignières le Bouchard   Montrésor

LOUDUN   Richelieu   Leugilé

                                       Châtillon
                                       sur Indre

Dangé

Monts sur Guesnes

Lencloître CHÂTELLERAULT

Mirebeau
en Poitou
                la Roche-Posay

                Pleumartin

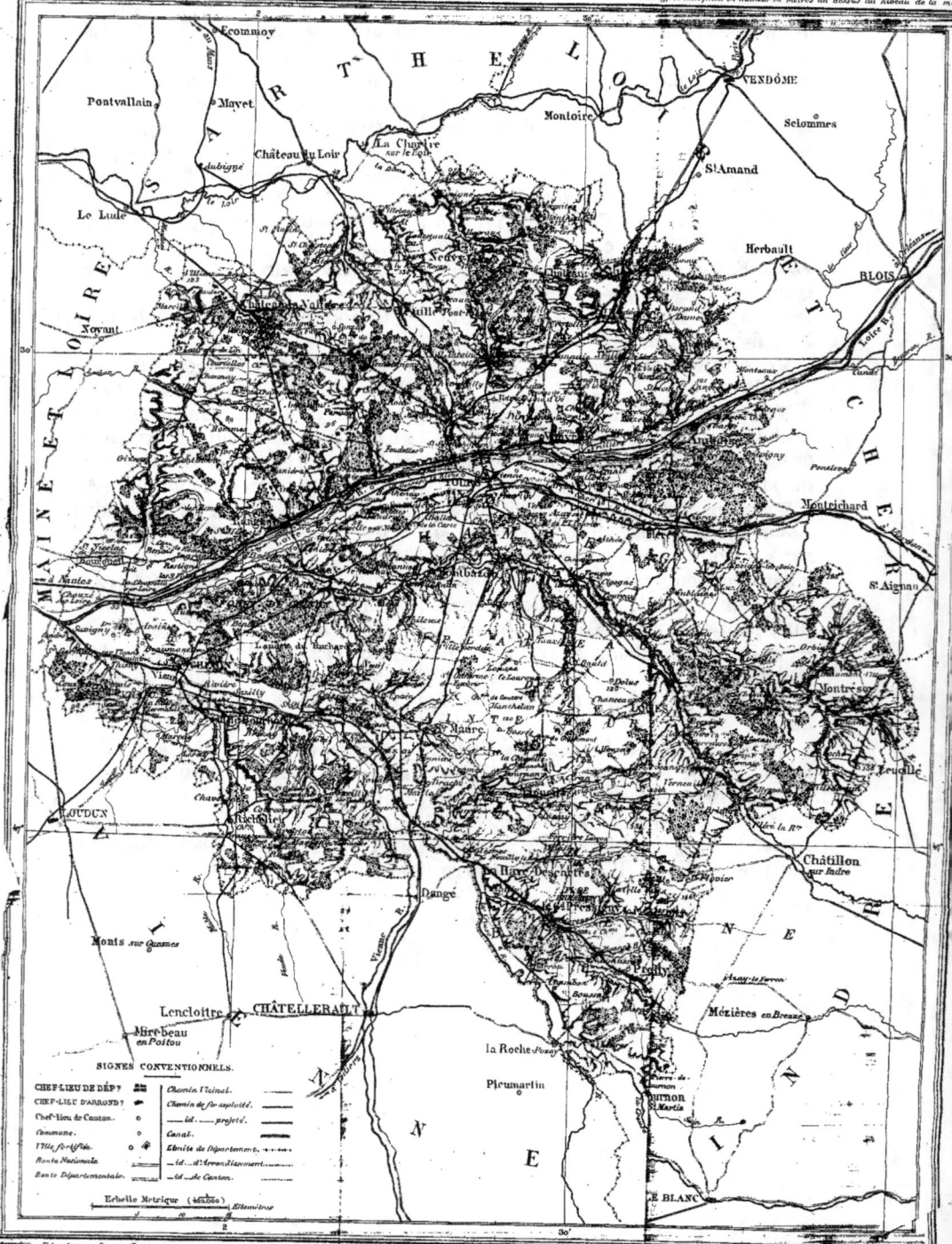

SIGNES CONVENTIONNELS.

CHEF-LIEU DE DÉP.t		Chemin Vicinal.
CHEF-LIEU D'ARRON.t		Chemin de fer exploité.
Chef-lieu de Canton.	o	id. ... projeté.
Commune.	o	Canal.
Ville fortifiée.	o	Limite de Département.
Route Nationale.		id. ... d'Arrondissement.
Route Départementale.		id. ... de Canton.

Échelle Métrique (1/480.000) Kilomètres

LIBRAIRIE HACHETTE ET Cⁱᵉ

À PARIS, BOULEVARD SAINT-GERMAIN, 79

NOUVELLE COLLECTION DES GÉOGRAPHIES DÉPARTEMENTALES
PAR AD. JOANNE

FORMAT IN-12 CARTONNÉ

Prix de chaque volume. . . . . 1 fr.

(Mars 1880)

61 départements sont en vente

EN VENTE

Ain.	11 gravures, 1 carte.		Isère.	10 gravures, 1 carte.	
Aisne.	20 —	1 —	Jura.	12 —	1 —
Allier.	27 —	1 —	Landes	11 —	1 —
Alpes-Maritimes.	15 —	1 —	Loir-et-Cher . .	13 —	1 —
Ardèche	12 —	1 —	Loire. . . .	16 —	1 —
Aube.	14 —	1 —	Loire-Inférieure.	20 —	1 —
Aude.	9 —	1 —	Loiret.	22 —	1 —
Basses-Alpes. .	10 —	1 —	Lot	8 —	1 —
Bouch.-du-Rhône	24 —	1 —	Maine-et-Loire..	22 —	1 —
Cantal.	14 —	1 —	Meurthe. . . .	31 —	1 —
Charente.. . . .	15 —	1 —	Morbihan. . . .	13 —	1 —
Charente-Infér.	14 —	1 —	Nièvre..	9 —	1 —
Corrèze.	11 —	1 —	Nord	20 —	1 —
Côte-d'Or. . . .	21 —	1 —	Oise..	10 —	1 —
Côtes-du-Nord .	10 —	1 —	Pas-de-Calais. .	9 —	1 —
Deux-Sèvres.. .	14 —	1 —	Puy-de-Dôme . .	16 —	1 —
Dordogne. . . .	14 —	1 —	Pyrén.-Orient. .	13 —	1 —
Doubs	14 —	1 —	Rhône.	19 —	1 —
Drôme	15 —	1 —	Saône-et-Loire..	25 —	1 —
Finistère	16 —	1 —	Savoie.	14 —	1 —
Gard	12 —	1 —	Seine-et-Marne.	15 —	1 —
Gironde.	15 —	1 —	Seine-et-Oise. .	17 —	1 —
Haute-Garonne .	12 —	1 —	Seine-Inférieure.	15 —	1 —
Haute-Saône.. .	12 —	1 —	Somme.. . . .	12 —	1 —
Haute-Savoie . .	19 —	1 —	Tarn	11 —	1 —
Haute-Vienne. .	10 —	1 —	Var	12 —	1 —
Hautes-Alpes. .	18 —	1 —	Vaucluse. . . .	16 —	1 —
Hautes-Pyrénées	14 —	1 —	Vendée.	14 —	1 —
Ille-et-Vilaine. .	14 —	1 —	Vienne..	15 —	1 —
Indre.	22 —	1 —	Vosges	17 —	1 —
Indre-et-Loire. .	21 —	1 —			

EN PRÉPARATION

Ariége — Aveyron — Basses-Pyrénées — Calvados — Cher — Gers
Haute-Marne — Hérault
Lozère — Manche — Marne — Sarthe — Yonne

ATLAS DE LA FRANCE
CONTENANT 95 CARTES
(1 carte générale de la France, 89 cartes départementales, 1 carte de l'Algérie et 4 cartes des Colonies)

1 beau volume in-folio, cartonné : 40 fr.

TYPOGRAPHIE A. LAHURE, RUE DE FLEURUS, 9, A PARIS.

www.ingramcontent.com/pod-product-compliance
Lightning Source LLC
LaVergne TN
LVHW022117080426
835511LV00007B/871